安倍首相は拉致問題を解決できない

和田春樹
Haruki Wada

安倍首相は拉致問題を解決できない

装丁　柴田淳デザイン室

目次

まえがき

日朝国交促進国民協会は二〇〇〇年九月に設立された。会長は村山富市元総理である。創立以来すでに一八年が経過したが、国民協会の活動は貧弱な域を出ることなく、日朝国交はいまだ実現していない。

二〇一六年、一七年には、米朝の対立が極限に達し、われわれは米朝戦争が起こるかもしれないという恐怖を味わうまでにいたった。安倍首相がその状況の中で、「すべての選択肢がテーブルの上にあるとする米国の政策を完全に支持する」と言い、朝鮮有事のさいの米国の軍事行動に協力する姿勢を示したことは、われわれの憂慮を強めるばかりであった。

だが、極限にまでいたった対立の瀬戸際で、トランプ大統領と金正恩委員長は危機の果てをみすえて、踏みとどまった。そして、文在寅韓国大統領の先導で、平昌オリンピック大会を契機に、歴史的なシンガポール首脳会談に向かったのである。対話と協力を通じて、新しい米朝関係、朝鮮半島の完全なる非核化をつくり出す、苦しみと希望がまざりあう新時代がはじまろうとしている。

中国も、ロシアも、この過程に参加している。日本も参加しなければならないし、日本が参加して、支えなければ、過程の進展がおぼつかない。だのに、安倍首相は急変した事態の中で立ち往生している。安倍首相は金正恩委員長に会いたいと言っても、会うことができず、トランプ大統領に拉致問題を金委員長にとりついでくれるように頼むだけであった。このままいけば、来年はじめにトランプ大統領が二回目の米朝首脳会談を行うさい、拉致問題をとりあげてほしいと、ふたたび懇願することになるだろう。

安倍首相は金正恩委員長に会談することを本心で願っているのなら、両国が共通に課題とする日朝国交正常化を進める交渉を行いたいと申し入れる他はない。拉致問題は、日朝国交正常化を進める交渉の中でのみ、交渉することができるのである。

だが、安倍首相は、このときにいたっても、金委員長と会って、拉致問題を解決したいとくりかえすばかりである。それも当然のことである。安倍首相は、拉致問題への取り組みによって首相になった人であり、二〇〇六年に最初の内閣で、拉致問題が日本の最重要問題であると宣言し、内閣挙げて拉致問題対策本部をつくり、安倍三原則を打ち出して、拉致被害者全員を生きたまま取り戻すという努力を開始したからである。二〇一一年に自民党総裁、日本国首相にカムバックしたさい、被害者家族に対して、「なんとか拉致問題を解決したいという使命感」をもって、「もう一度総理になれた」と語った人であった。安倍氏はこのように「拉致ファースト」の政治家なのである。

安倍首相がはじめた日本の対北朝鮮放送「ふるさとの声」は、二〇〇七年七月九日から今日まで、「拉致問題が国家主権と国民の生命安全に関わる重大な問題である」、「その解決なくしては北朝鮮との国交正常化はないとの方針を決定し」たと毎日六回放送してきた。拉致問題で北朝鮮を徹底的に追い詰めるというこの政策は、「すべての選択肢がテーブルの上にある」という米国の軍事的威嚇政策に同調して、核問題で北朝鮮を徹底的に追い詰めるときまでは、調和があり、矛盾が露呈しなかった。

しかし、トランプ大統領と金正恩委員長が握手して微笑んでいる大きな写真の前では、安倍首相の「拉致ファースト」政策は完全に行き詰まり、お手上げになってしまった。安倍首相は「拉致ファースト」政策、安倍三原則を捨てないかぎり、金正恩委員長と会談することはできないであろう。金委員長と会談ができなければ、拉致問題を進展させる交渉はできない。交渉しなければ、解決はありえないのは明らかだ。かつては、米朝戦争が起こって、自衛隊が北朝鮮に入り、拉致被害者を救出してくるということを夢見た人がいたようだが、いまやそのような夢を見ること自体が不可能になったのである。

安倍首相の「拉致ファースト」政策、安倍三原則は、日本国家の方針であり、日本国民が支持してきたものであるとすれば、国民がこの政策、この原則を見直さなければならないと言わねばならない。本書はそのために書かれた。

日朝国交促進国民協会は二〇〇八年一二月から翌九年五月までに一〇回の連続討論「拉致問題を考える」を開催し、その成果を二〇一〇年に蓮池透・和田春樹・菅沼光弘・青木理・東海林勤『拉致問題を考えなおす』（青灯社）として出版したことがある。

このたびは、二〇一八年六月二九日から七月二七日まで毎週金曜日夜三時間の連続講座、理事和田春樹の「拉致問題についての五講」を開催した。第三回には、元民主党衆議院議員首藤信彦氏の講義も行われた。全五回の講義の記録が参加者の一人の献身的努力でまとめられた。和田がそれに大幅に加筆、修正を加えて、本書となった。首藤氏の講義は感銘深いものだったが、刊行の都合で、収録できなかった。また質疑も割愛せざるをえなかった。

本書が、拉致問題について国民が今一度考え直すのに助けとなれば幸いである。

二〇一八年一〇月三〇日

和田　春樹

Ⅰ　あらためて拉致被害者17人の悲痛な運命を考える

1　拉致事件はいつ、どのようにして問題となったのか

北朝鮮の工作員による日本人拉致事件は長いあいだ認識されなかった事件でした。これが問題として認識されるまでには多くの困難がありました。

発端は、一九八〇年一月七日、『サンケイ新聞』に阿部雅美記者が「アベック三組ナゾの蒸発」という記事を書いたことです。二年前に起こったナゾの事件は外国の情報機関が関与した事件ではないか、同一グループの外国製の遺留品があるという見出しがついていました。消えた三組の他に、四組目の未遂に終わった事件があり、猿ぐつわなどが物証として残されていた、というのです。同じ記者が、二日後の一月九日には「久米豊氏事件」

という三鷹市役所の警備員の事件を報道しました。二つの記事は注目されずに終わりました。

一九八五年六月二八日、韓国国家安全企画部から発表がありました。日本人原敕晃《ただあき》を一九八〇年に拉致し、彼になりすましてパスポートをとり、韓国へ入国した北朝鮮の大物スパイ辛光洙《シンガンス》を逮捕したという発表です。ここで初めて、拉致事件という現実の事件がはっきりしたわけです。ところが評判の悪い韓国国家安全企画部の発表ですから、にわかには信じがたいということになったのか、大きな問題とはなりませんでした。

それから二年後、一九八七年三月一五日、韓国の映画監督申相玉《シンサノク》と女優崔銀姫《チェウニ》が記者会見をし、自分たちは「一九七八年に北朝鮮の工作員に拉致され、北朝鮮で映画を撮らされていた」と発表しました。しかし、それは拉致だったのか、自分たちの意志で行ったのか、わからないという話になりました。

この年一一月二九日、大韓航空機爆破事件が起きました。中東のアブダビからバンコクに向かっていた旅客機が爆発し、乗員乗客一五〇人が命を落とすという悲惨な事件です。事件の直後、アブダビで蜂谷真一と蜂谷真由美という日本人名義の偽造パスポートをもった北朝鮮工作員が逮捕され、うち一名、蜂谷真一は服毒自殺しました。蜂谷真由美の方は、死にきれず、逮捕されました。彼女は韓国に護送され、自分は金賢姫《キムヒョンヒ》という北朝鮮の工作員である、と全面自供したのです。その中に、「日本から拉致されてきた李恩恵《イウネ》という女性から日本人としての工作に必要な教育を受けた」という供述もありました。これで北朝鮮の工作員が日本人のパスポートを使っていること、日本人を拉致していることを皆が知ることになったのです。

翌一九八八年三月二六日、ついに国会で拉致問題が取り上げられました。初めてこの問題を国会で取り上げたのは、共産党の橋本敦参議院議員でした。李恩恵事件、アベック三組の事件、辛光洙事件を取り上げ、これは北朝鮮工作員による日本の主権の侵害である疑いがある、断固たる措置を取るべきであると主張しました。梶山静六国家公安委員長は「北朝鮮による拉致の疑いが十分濃厚」と認め、真相究明に全力をあげるとの立場を表明しました。こうして、問題が国会の場で提起され、政府が事件を確認することになりました。

このとき、日本の中では、岩波書店の安江良介社長や宇都宮徳馬氏が中心になり、私も関与して、北朝鮮に対する日本の政策をただすように提案するという動きが起こっていました。私は、一九八四年以来北朝鮮との関係を変えるに当たっては朝鮮植民地支配を反省するという立場を日本が確立して、それによって北朝鮮のドアを叩き、日朝政府間の交渉を開くべきであるということを提案してきました。そのような主張を取り入れた政治家、学者、文化人の声明が八八年九月八日に出たのです。

この人々の動きで取り上げられたのは第一八富士山丸事件でした。北朝鮮の脱走兵士がこの船にひそかにもぐり込んでいたのを、船長が日本で発見し、この人物を日本に上陸させたあと、北朝鮮に赴いたところ、港で逮捕され、もう一人の船員とともに抑留されるという事態になっていました。社会党の議員たちはこの船長たちの釈放を交渉しようとしていたのです。つまり、一方で共産党が国会で「拉致問題」というものがあると提起をしたとき、社会党は「第一八富士山丸事件」に注目して、交渉を求めようとしたわけです。

一九九〇年九月二八日、金丸信・田辺誠氏の率いる自民社会両党代表団が訪朝して、国交正常化交渉開始で合意が生まれます。このとき、交渉されたのは、「第一八富士山丸事件」でした。この年一〇月、小沢一郎幹事長と土井たか子委員長が訪朝し、第一八富士山丸の紅粉船長ら二名を引き取って連れて帰ってくる、ということになるわけです。拉致問題については、北朝鮮で話に出すような条件は全くないというわけで、全然出していない状態です。

一九九一年一月三〇日、日朝国交交渉第一回会談が平壌ではじまりました。交渉がつづいているうちに、同年五月一五日、埼玉県警が李恩恵は埼玉県の田口八重子という人物であると判明したと発表しました。それで、日本政府は、このことを五月二〇日の第三回日朝国交交渉で持ち出し、田口八重子氏の消息調査を求めますが、北朝鮮側は憤然として自分たちは関係がないと拒絶したのです。第二回交渉のあと、アメリカ政府から、北朝鮮が核査察を認めなければ、日朝交渉はできないというような姿勢で進めてほしいという要請が日本政府に来ていました。日本政府は、国交交渉の前提として、核問題について主張を出すのと、もう一つは田口八重子問題で拉致問題を出すということの二つを出していきましたので、北朝鮮との間での交渉が非常に複雑に、トラブルとなってしまいました。それで、一九九二年一一月五日、第八回日朝交渉で再度田口八重子氏の所在確認を求めましたが、北朝鮮側はこれを拒否して、交渉は決裂となってしまいました。

決定的な動きが起こったのは一九九六年のことでした。九月にテレビ朝日のディレクターだった石高健次氏が『金正日の拉致指令』（朝日新聞社）を出版しました。この本は辛光洙—原敕晁事件を非常に詳しく記述しています。そして、韓国に亡命してきた元北工作員安明進《アンミョンジン》にインタビューして聞いた内容を詳しく書きました。安明進は二度目のインタビューのさい、写真を見せられて、市川修一氏の「顔をハッキリ覚えています」、話したこともある、蓮池薫氏は「見たような気がします」と述べています。日本人の「女性は都合二、三人しかいませんでした」と言っただけです。

その本を出したあとに、石高氏は「私が『金正日の拉致指令』を書いた理由」という文章を『現代コリア』一〇月号（一〇月二五日発行）に書きました。『現代コリア』というのは、佐藤勝己氏が所長、西岡力氏が編集長をつとめる民間の研究団体、現代コリア研究所が出している雑誌です。『現代コリア』は、北朝鮮の体制に対して対決的に批判を加えている雑誌でした。石高氏は、それに寄稿して、韓国安全企画部の要員から聞いた話として、次のような内容のことを書いたのです。

「その事実は、九四年暮れ、韓国に亡命したひとりの北朝鮮工作員によってもたらされた。それによると、日本の海岸からアベックが相次いで拉致される一年か二年前、恐らく七六年のことだったという。一三歳の少女がやはり日本の海岸から拉致された。……少女は学校のクラブ活動だったバドミントンの練習を終えて、帰宅の途中だった。海岸からまさに脱出しようとしていた工作員が、この少女に目撃されたために捕まえて連れて帰ったのだという。少女は賢い子で、一生懸命勉強した。『朝鮮語を習得するとお母さんのところへ帰してやる』といわれたからだった。そして、一八になった頃、それがかなわぬこととわかり、少女は精神に破綻をきたしてしまった。病院に収容されていたときに、件の工作員がその事実を知ったのだった。」

石高氏は、自分は信じられない話だったから『金正日の拉致指令』には書かなかったが、ここには書いておく、心当たりのある人は知らせてほしいと書いています。これが出た二か月後の一二月一四日、現代コリア研究所所長佐藤勝己氏は新潟で講演を行い、討論の中で「新潟で少女が拉致されたという事件がありましたね」と問いかけて、警察官が「それは新潟の横田めぐみさんの事件でした」と答えると、佐藤氏は「どうやらその子は北朝鮮にいるようです」と石高論文の中にある新情報を披露したわけです。これが横田めぐみさんの事件が拉致事件となり、社会的な問題になっていく始まりです。

私は、佐藤氏の主張に対しては、いろいろと批判を加えてきましたが、いま考えてみますと、佐藤氏が石高氏の新情報と新潟の女子中学生の失踪を結び付けて、「横田めぐみさんの拉致」という事件を世に出したことは、間違いなく氏の功績であったと思います。その実績の故に、佐藤氏は救う会全国協議会の会長というポストを獲得し、拉致問題運動の実践的指導者、理論的イデオローグという地位を得たわけです。

一九九七年一月二一日には、橋本議員秘書の兵本達吉氏のもとへ石高論文とめぐみさん失踪の新潟日報の記事が送られてきます。兵本氏は横田滋氏を探し出し、議員の部屋に招き、この話を伝えます。同時に、この話は西村眞悟議員にも伝わり、西村議員は一月二三日、「北朝鮮工作組織による日本人誘拐拉致に関する質問主意書」を政府に提出しました。政府は、二月七日、この質問主意書に回答しました。この段階では、政府は横田めぐみさんの件は拉致とは確認していません。拉致疑惑は「六件九人」だと考えていると回答しています。

さらに日本電波ニュースのディレクター高世仁氏がソウルで安明進氏に取材したところ、安氏は「横田めぐみに会っている」と言い出しました。それが二月八日放映されました。北朝鮮から逃れてきた工作員が、「北朝鮮で横田めぐみさんを見た」と言うのですから、インパクトは強烈でした。これで、「横田めぐみさん拉致」が決定的になりました。この安明進証言によって日本政府も「横田めぐみさん拉致」という結論を出すことになったのです。

そうした興奮の中で、三月二五日、「北朝鮮による『拉致』被害者家族連絡会」が横田滋氏を代表者として結成されます。兵本氏や石高氏が努力したと言われています。五月一日、参議院決算委員会で伊達興治警備局長が、拉致疑惑は横田めぐみさんを加えて「七件一〇人」であると答弁しました。

全国各地につぎつぎに「救う会」がつくられ、その連合体、「北朝鮮に拉致された日本人を救出するための全国協議会」が翌年一九九八年四月佐藤勝己氏を会長に結成されました。

日朝交渉はながく中断されていたのですが、一九九九年末には、再開しようという動きが起こりました。総理を退任していた村山富市氏が野中広務氏らと超党派議員団を結成し、訪朝しました。拉致問題については北朝鮮が交渉に応じませんので、これは赤十字会談でとりあげるという合意を取り付けて帰国することになりました。この進め方には家族会や救う会全国協議会から非難が浴びせられましたが、日朝交渉は二〇〇〇年四月五日に再開されることになりました。北京、平壌、東京と三回行われました。結局拉致問題の交渉に北朝鮮が応じませんので、またもや中断になってしまいました。

二〇〇一年九月になりますと、よど号事件関係者の元妻八尾恵氏が「ヨーロッパから有本恵子さんを拉致した、北朝鮮に連れてきた」と語り始めました。この件が調査され、二〇〇二年四月一一日、警視庁は「有本恵子さんが北朝鮮へ連れ去られたと断定した」と発表しました。これで、拉致疑惑は八件一一人（久米裕、蓮池夫妻、地村夫妻、市川夫妻、田口八重子、原敕晁、横田めぐみ、有本恵子）となったのです。

この時期には、すでに北朝鮮側の提案によって、ミスターXと外務省アジア大洋州局長田中均氏の間で、日朝国交交渉のための秘密交渉が進んでいました。そして、二〇〇二年九月一七日、小泉純一郎首相が訪朝し、日朝首脳会談が開催され、平壌宣言が合意され、国交正常化に進むことになりました。日本は植民地支配のもたらした損害と苦痛に対して反省・謝罪すると表明し、国交正常化後に経済協力を行うことを約束したのです。

北朝鮮側はこの合意にあたり、一三人の日本人を拉致したことを認め、謝罪するという決定的な転換をみせました。しかも、この時までの日本側の認識では拉致疑惑一一人だったのに、一三人の拉致を認めたのは驚きです。日本側で一一人に加えている久米裕さんについては、北朝鮮側は、「入境していない」と関わりを否定し、それ以外の一〇人については拉致したと認めました。その上で、ヨーロッパから連れてこられた石岡亨、松木薫両氏の拉致を認めました。石岡氏の実家には有本恵子さんと一緒にくらしているという手紙が届いたことが知られていましたが、日本の警察ではこの二人を正式に拉致疑惑に含めていなかったのです。重要なことは、北朝鮮側が、このとき日本側が全く知らなかった曽我ひとみさんを拉致したと申し出たことです。それで一〇人プラス三人で、一三人拉致という回答になったのです。

曽我ひとみさんのことは三日後の九月二〇日になってようやくわかりました。調べると一九七八年八月一二日に佐渡島の真野町で母親の曽我ミヨシさんと一緒に買い物に行ったまま帰ってこないとして父親から届けが出ている人だとわかりました。となると、お母さんも一緒に拉致されたのだろうということになりました。政府は曽我ミヨシさんのことを問い合わせましたが、北朝鮮側は「その人は入境していない」と回答しました。

こういうわけで、北朝鮮側が一三人を拉致したと認めたことを踏まえ、日本側は、久米裕さんと曽我ミヨシさんを加え、一五人が拉致されたと主張することになったのです。

北朝鮮側は拉致した一三人のうち、生存者は五人、死亡は八人と回答しました。実は、曽我ひとみさんの拉致を申し出ないと、一二人拉致し、生存者四人、死亡八人という回答になったわけです。これではあまりに印象が悪い、生存者を一人でも増やそうとして、日本側が主張していなかった曽我ひとみさんを拉致したと言ったのでしょう。なぜなら曽我ひとみさんが生きているからです。アメリカ人亡命者と結婚しているというのは、北朝鮮の安心材料であったかもしれませんが、曽我ひとみさんの拉致をみとめれば、当然に母親の拉致も問いただされることになるのです。だから、リスクはあるのですが、生存者五人と回答したいという気持ちから、曽我ひとみさんの存在を世に出したのだと思います。

その後、日本政府は二〇〇五年四月に田中実さん、二〇〇六年一一月に松本京子さんが拉致された被害者であると認定しました。したがって、現在、日本政府の主張する拉致被害者の数は、首相官邸の拉致対策本部のホームページによれば、一七人となっています。

2　認定拉致被害者の数は数十人でも、数百人でもない

国民の歴史、国民の記憶から消すことのできない悲しい悲劇の犠牲者、事件や事故の被害者がいます。あたらしいところでは、二〇〇八年六月八日の秋葉原通り魔事件では通行

人七人が殺されました。二〇一一年三月一一日の東北大震災では地震、津波、原発事故では二万人をこえる死者が出ました。二〇一六年一月一五日の軽井沢バス転落事故では学生ら一五人が亡くなりました。古いところでは、一九四八年一月二六日の帝銀事件では一二人が殺されています。一九四五年三月一〇日の東京大空襲では、一〇万人が焼き殺されています。一九二三年九月一日の関東大震災では、一〇万人をこえる死者が出ています。同時に朝鮮人が虐殺されています。その数について吉野作造は二六一三人と書いていますが、内務省は二三一人だと記録しています。

北朝鮮工作員による拉致事件は政府認定の被害者は一七人、うち五人が帰ってきました。北朝鮮は一三人を拉致したとみとめ、八人は死亡したと通告しています。死者の数からすると、帝銀事件や軽井沢バス転落事故などと同格の事件であると言えます。もちろん一人一人の犠牲者、その家族の心の痛みにとっては、事件の規模はなんの関係もありません。

一七人の被害者はいつ拉致されたのかを整理してみましょう。

1977年　3人　9月19日 久米裕、10月21日 松本京子、11月15日 横田めぐみ

1978年　10人　6月 田中実、田口八重子、7月7日 地村夫妻、7月31日 蓮池夫妻、

1979年　0人　8月12日 市川夫妻、同日 曽我母娘
1980年　3人　5月 石岡亨、松木薫、6月 原敕晁
1981年　0人
1982年　0人
1983年　1人　10月 有本恵子

一九七七年が始まりで、三人です。七八年になると一〇人になります。そして、七九年になるとなくなります。ですから、拉致事件は一九七七年と七八年にパッと起こった事件と見えます。しかし、重要な辛光洙事件が一九八〇年になって起こるのですから、間の一九七九年にも拉致事件は起こっていて、日本政府にはわかっていないだけだとみることも可能です。しかし、ヨーロッパから連れてこられた男性がこの年二人、三年飛んで八三年に女性一人というわけですから、日本からの拉致は八〇年を最後に起こっていないことも確認できると言えましょう。

こういうわけで、拉致事件とは、基本的に一九七〇年代の終わりの二年間に起こった事件で、一九八〇年まで北朝鮮の現代史の非常に短い時期におこなわれた行為であったこと

がわかります。

この時期がどういう時期であったかというと、一九七七年、七八年というのは韓国の民主化運動が非常に行き詰っていた時期でした。北朝鮮は工作員を南に入れて、韓国の反政府運動を活性化しようとした節があります。しかし、一九七九年になると、一〇月に朴大統領が殺害されるという事件が起こり、金泳三、金鍾泌、金大中の三氏が政治の世界に復活する変化があらわれました。そうした中で、一九八〇年五月には全斗煥将軍のクーデターが起こり、金大中氏が逮捕され、光州市では、武装した市民の自由光州の運動が起こるということになりました。多くの死者を出した光州市民の武装抵抗は、北朝鮮の工作とは全く無関係な韓国民衆の驚くべき闘争でした。もちろんこの運動は弾圧され、粉砕されてしまうのですが、南の民主化運動は北から工作員を派遣して操縦できるようなものではなかったのです。だから、私は、北朝鮮も方針を立て直す必要を感じて、日本人拉致事件を起こさないようになったのではないかと思います。

拉致被害者の総数も、日本政府が確認できていない隠れた被害者もいて、一七人よりはるかに多いのではないかとみることができますが、以上の時代背景からして、それほど多くはなく、一七人プラスαという程度だと考えるべきだと思います。

この他に特定失踪者と呼ばれる人々の存在を重視すべきだとする主張があります。「現代コリア」研究所の役員で、救う会の活動家である荒木和博氏が、二〇〇三年に救う会全国協議会から分かれて、特定失踪者問題調査会を起ち上げました。日本全国の多数の失踪者・行方不明者の中から北朝鮮に拉致された可能性があると思える人を拾い出して、リスト化することをはじめたのです。この人々が「特定失踪者」と名付けられました。二〇一二年に安倍第二次内閣がスタートすると、この特定失踪者も拉致問題対策本部が関わる対象とすることになりました。首相官邸のホームページの拉致対策本部の欄には、次のような記載が現れました。

「北朝鮮当局によって拉致された日本国民として認定された人以外にも、北朝鮮によって拉致された可能性を排除できない人が存在しているとの認識の下、関係省庁・関係機関が緊密に連携を図りつつ、国内外からの情報収集や関連する調査・捜査を強力に推し進めるなど、全力で真相究明に努めています。その結果、北朝鮮当局による拉致行為があったと確認された場合には、速やかに、支援法に定める被害者として認定することとしています。」

そして、「拉致の可能性を排除できない事案に係る方々」としてリストを収録するようになりました。それは、「北朝鮮による拉致の可能性を排除できない行方不明者八八三人のうち、都道府県警察のウェブサイトに家族等の同意を得て掲載されている方々（合計四五八人）の一覧表です」と指摘されています。今では、東京都内ではポスターになって地下鉄の駅などに特定失踪者の名前と写真が挙げられています。

しかし、荒木氏らの努力にもかかわらず、特定失踪者の中からは拉致被害者、拉致疑惑者と政府が認定する人は出ていないのです。政府認定の拉致被害者の数は二〇〇六年以降まったく増えることなく、一七人のままです。北朝鮮が拉致したのは、一七人どころではない、数百人はいるという主張を聞くことがありますが、それは宣伝の言葉であり、現実的な主張でないことは明らかです。

一七人という人数については、かつて外務省の局長が「一〇人くらいの人が拉致されたということで日朝国交正常化をやめるわけにはいかない」と言ったということが国会で非難されたことも思い出されます。問題は被害者の数ではないことはたしかです。しかし、拉致問題が日本の最重要課題だと言おうとすれば、政府認定の被害者の数が一七人だということをはっきり認識するのは当然のことです。

3　北朝鮮はどうして日本人拉致を実行できたのか

北朝鮮の工作員は日本国内に入ってきて、いろいろな日本市民を襲って、身体の自由を奪い、猿ぐつわをはめ、袋に詰めるなどして、船に乗せ、北朝鮮に拉致していき、それから長く囚われの身にした。その人の人格を否定し、最終的には殺害もし、死に追いやった。そういうことがどうしてできたのか。これは日本市民にとっては、まぎれもない犯罪行為です。日本の主権をも侵害する行為です。なぜ北朝鮮は日本でこのような行為を行うことができたのか、なぜやろうと思ったのか、やることができたのか、やってもよいと思ったのかを考えてみましょう。そのためには、日本と北朝鮮の関係を過去に遡って考えなければなりません。

二〇〇一年の日朝国交交渉において、北朝鮮側は、「日本とは三六年間の植民地支配以来、戦争状態にあった。そしてその賠償を要求する」と主張しました。それに対し、日本側は「そんな主張はとんでもない、植民地支配は有効な条約に基づいてやったものだ。戦前は金日成将軍のパルチザンとは我々との戦闘状態にあったわけではない」と主張しました。しかし、一九〇四年から日本は朝鮮半島全体を占領し、一九一〇年に韓国併合を宣言して、自国の領土に編入したのはまぎれもない事実です。日本軍の占領、日本帝国の支配は一九四五年までつづきました。一九四五年日本は朝鮮半島から撤収しましたが、その地の人々とはいかなる関係の整理をしませんでした。朝鮮の人々からみると、侵略軍が植民者とともに引き揚げただけで、過去の敵対関係はつづいていたのです。

ここで朝鮮戦争がおこります。日本からの解放後、朝鮮は米ソによる南北分割占領となり、それぞれ大韓民国、朝鮮民主主義人民共和国という二つの国家が誕生します。両国は相手を外国の傀儡と考えて、武力統一をめざします。北朝鮮がソ連の承認をえて韓国を攻撃し、朝鮮戦争がはじまりました。米国は韓国を守るとして、国連安保理で決議をとり、国連軍として日本を占領していた四個師団を参戦させます。さらに日本に移動してきた米空軍と海軍が日本を基地として朝鮮軍を攻撃しました。特に嘉手納と横田の空軍基地には約一〇〇機のB－29がいて、北朝鮮軍と北朝鮮に猛烈な爆撃を加えました。日本は、主体的な決定で参戦したわけではありませんが、「敗戦国として米占領軍司令官の命令に無条件で従う」という誓約にもとづいて、全面的に米軍に協力したのです。日本は平和国家という国家目的をまもりつづけていましたが、朝鮮側から見れば、日本から絶え間なく飛行機が飛んできて空襲が行われる、日本人が操船する戦車揚陸艦（ＬＳＴ）が横浜と神戸から海兵隊を運んできて、仁川上陸作戦をさせる、海上保安庁の船が元山港外の機雷を除去して、米軍を上陸させるというわけで、米国の戦争を支える最重要の基地国家であったと見えたのです。日本との関係は戦争状態にあったと考えられていたのです。中朝側が日本を攻撃しなかったのは、そのための軍事手段を持たなかったためです。攻撃したら、米国が中国本土に爆撃を行うのではないかと恐れてもいたのです。北朝鮮にシンパシーを持っている在日朝鮮人もいたわけですから、日本にある米軍飛行場を攻撃する、航空燃料、弾薬などを輸送する鉄道（横浜線、山手線、中央線）を爆破するといったゲリラ活動をやってほしいと中朝から希望が表明されていたことは間違いないと思われますが、在日朝鮮人組織や彼らを指導していた日本共産党の部局は住民に被害を与えるとして、そのような行動は取りませんでした。しかしながら、北朝鮮とは日本は実質的に戦争状態にあったのです。一九五三年に停戦協定が締結された後にもこの状態は続きました。

一九六五年には、日本は韓国と国交正常化を果たしました。日本の経済協力を受けた韓国がベトナム戦争に五万の兵を送って参戦すると、北朝鮮はベトナム民主共和国を支持して、自国の飛行士を派遣し、ベトナム上空で米軍機との戦闘に参加させました。さらに一九六八年には武装ゲリラ特攻隊をソウルの大統領官邸めざして派遣し、韓国内に第二戦線を開くことを図りました。北朝鮮はアメリカ、韓国、日本との戦争がつづいているという見方を持っているのです。

北朝鮮にとって、日本は変わらず戦争状態にある敵国だから、工作員を送って破壊活動をすることも可能だし、敵国民を捕え、殺害することも可能である、財産・財貨を奪ってくることも可能である、こういう考え方があったと考えられます。だからこそ、北朝鮮は多年にわたり、工作船を日本領海に侵入させていたのであり、工作員を上陸させ、拉致を実行させたのだと考えられます。

ところで、二〇〇一年一二月二二日、東シナ海で日本の海上保安庁の巡視船が日本の排他的経済水域に侵入した北朝鮮の武装工作船を追跡し、停戦させるために威嚇射撃を行い、銃撃戦となり、ついには北朝鮮の工作船は炎上沈没し、一五人の乗組員は海に投げ出され、全員死亡しました。海上保安庁の巡視船と北朝鮮の工作船の間で戦闘行為が行われて、北朝鮮の工作員一五人がいわば戦死したのです。二〇〇二年の日朝首脳会談の前までは、日本と北朝鮮の間にはこういう敵対的な関係があったのです。そういう不正常な関係の中で、拉致問題は起こされたということです。

4　拉致は何のために行われたのか

では、拉致は具体的にはどういう目的でなされたのでしょうか。拉致の第一の目的は、日本人を拉致して、その人物になりすまして、正式な日本国のパスポートをとるということです。北の工作員が、そのパスポートを使用して、日本・韓国で工作するためです。これは特殊な用語で「背乗り」というそうです。

三鷹市役所警備員、久米裕氏（五二歳）が一九七七年九月一九日、石川県能登半島の宇出津の海岸で在日朝鮮人の手引きで北朝鮮の船に乗り込んだ時、久米氏は戸籍謄本を2通持っていました。久米氏はかつて結婚していましたが、離婚して独身一人暮らしであったので非常に身軽でした。彼を船に乗せた在日朝鮮人が宿に戻ると警察が待っていて、ただちに逮捕されました。この在日朝鮮人は、北朝鮮から、独身で四五歳から五〇歳の日本人男性を送れという指令をうけて実行に着手し、金融業者として関係のあった久米氏を選び、密輸で金儲けの話があると持ち掛け、戸籍謄本二通をとらせて宇出津に連れて行ったと警察に自供しました。久米氏の拉致はパスポート獲得のためだったのです。

だが、久米氏を船に乗せた在日朝鮮人が即逮捕となったので、久米氏の出国は日本の警察がただちに知るところとなり、久米裕名義のパスポート申請は不可能になったのです。これは北朝鮮側からすれば失敗例です。久米氏については、二〇〇二年に北朝鮮は「入境せず」と回答し、拉致を認めていません。久米氏が北朝鮮の船に乗ったことは確認されていますから、北朝鮮に入境していないとすれば、船上で殺害された可能性が高いことになります。

いま一つのケースは原敕晁氏の場合です。こちらは北朝鮮にとって成功例です。原氏は、大阪の中華料理店でコックをしていました。一九九〇年の拉致当時五四歳でした。他方、辛光洙は一九二九年日本の静岡県浜名湖の周辺で生まれています。解放後に日本から韓国へ帰り、朝鮮戦争の中で、朝鮮人民軍に入り北朝鮮へ行きました。残った兄弟は、韓国軍の将校になったということですから、兄弟で北と南に分かれて戦うということになっています。北朝鮮では優秀さを認められ、ルーマニア・ブカレスト工科大学機械学部に留学して、機械技師の資格を得ました。ですから本来なら機械技師として活躍するつもりだったのですが、帰国後にスカウトされて工作員となりました。歴史の中で越境をくりかえし、それを国家に利用された朝鮮人の苦難の運命の象徴のような人です。一九七三年に最初に日本に潜入し、七六年に帰国しました。七八年ごろには横田めぐみさん、曽我ひとみさんの教育係をしたことが伝えられています。一九八〇年に再び日本に来て、六月一七日宮崎市青島海岸から原敕晁氏を拉致密航させました。同年一一月、日本に戻り、原さんのパスポートを獲得し、以後毎年三回程度、日本に入国、出国しており、一九八五年四月初めに韓国に入国したのですが、数日後にソウルで逮捕されたと伝わっています。裁判では死刑の判決を受けましたが、減刑され一五年服役しました。非転向長期囚六〇人の一人として、金大中大統領の決定で、二〇〇〇年九月北朝鮮に引き渡されました。日本の警察は、辛光洙に聴取を申し入れましたが実現しませんでした。北朝鮮では英雄として処遇され、勲章を与えられています。

原敕晁氏の拉致は、北朝鮮は認めています。原氏は一九八四年一〇月に田口八重子さんと結婚したが、一九八六年七月に肝硬変で病死したと通告してきました。日本テレビの番組「再会」が伝えるところでは、田口八重子さんは一九八四年から八六年まで横田めぐみさんと同居していたというので、その時期に原・田口が結婚していたというのは疑わしい話です。原氏拉致の目的が辛光洙にパスポートを与えることにあったとすれば、パスポートが取れた段階で原氏は役目が終わり、北朝鮮にとってそれ以上は生きていてもらう必要のない存在になったことになります。したがって、原氏が死亡していると北朝鮮が通告していることに疑義を提起する材料は今のところないのです。

拉致の第二の目的は、北朝鮮で落ち着いて仕事をさせるために拉致するということです。北朝鮮で落ち着いて仕事をさせるには、やはり夫婦でいた方がいいわけです。だから、結婚しそうな、夫婦になる可能性の高い男女のペアを一緒に拉致することを考えたのでしょう。

一九七八年七月七日に、福井県で地村保志さん、浜本貴美恵さんが、三一日には、新潟県で蓮池薫さん、奥土祐木子さんが、八月一二日に、鹿児島県で市川修一さん、増元るみ子さんが拉致されました。このほか、八月一五日に、富山県の海岸でアベック拉致の未遂事件がありました。四組拉致しようとして、三組の拉致に成功したのです。さらにこの拉致した三組のうち、蓮池薫氏夫妻と地村保志氏夫妻については、北朝鮮で仕事をするように説得し、洗脳することに成功したのです。二組の夫婦は、家庭をもって定着し、生き抜きました。

しかし、市川修一・増元るみ子氏の場合は、説得が効かなかったと考えられます。北朝鮮の通告では、二人は死亡した、市川氏は一九七九年に海水浴中溺れて死に、増元さんは八一年に病死したとされています。二人は北朝鮮で結婚したのですが、他の二組の夫婦のようには生き抜くことができなかったと考えられます。北朝鮮の説得に従って、北朝鮮のために仕事をすることを拒絶したのでしょう。同じように拉致されたのに、市川夫妻のことが蓮池、地村両氏から語られることはありませんでした。早い段階で市川夫妻と蓮池、地村夫妻の運命は分かれたと考えられます。

北朝鮮は自分たちの役に立たない者に無慈悲な態度をとったと考えられます。家族たちは市川さんが水泳はできないのに海水浴に行って亡くなるとは思えないと批判しているのですが、海水浴で死んだというのはおそらく嘘でしょう。北朝鮮側が制裁的な処置をとり、市川夫妻を死に追いやったと考えるべきかもしれません。

さて夫婦にさせるつもりでアベックを拉致していく理由は、北朝鮮で安定した仕事をさせるためですが、その仕事は日本に対する工作活動でしょう。単純な翻訳の仕事をさせるためにアベック拉致をあえてするはずはありえません。日本人を洗脳して日本人の工作員を作り出すというのが本当の目的ではないかと思われます。そういった人たちを日本に送り出すということも考えられるわけで、その場合、かならず戻ってこさせるために、妻子を北朝鮮にとどめることが必要になるのです。蓮池夫妻、地村夫妻が実際にどのような仕事をさせられていたのかは、今日まで明らかにされていません。

ヨーロッパ滞在中に北朝鮮旅行に誘われた有本恵子、石岡亨、松木薫氏の場合は、北朝鮮側は日本語の教師をさせるために勧誘したと述べており、北朝鮮に入ってから特殊機関で日本語を教えていたと説明されていますが、日本語の教師をさせるためにこのような連れ出しの作戦を行うとは考えられません。この人々を洗脳して、工作員に仕立てるつもりだったと思われます。有本さんと石岡氏は北朝鮮に行ってから知り合い、結婚したということになっています。いずれにしても、この三人はうまく仕事をするにいたらなかったのではないかと考えられます。石岡氏は日本に手紙を出すなどしたことで、これがよろしくない行動だということで北朝鮮に警戒され、監視下に置かれていた可能性があります。北朝鮮の通告では、石岡、有本夫妻は、生まれた子供とともに八八年に慈江道熙川の招待所で暮らしていたところ、石炭ガス中毒で死亡したとなっています。慈江道熙川は平壌を遠く離れた地で、この夫妻は流刑されていたか、収容所に入れられていたのかもしれないと考えられます。そうならば、本人たちが一家心中したこともありえますし、そう見せかけて当局が殺害したという可能性もあります。もちろん熙川の地でガス中毒で家族全員が死んだという話のすべてが創作であることもありえます。しかし、死亡したということ自体を否定する材料はなにもありません。

松木氏は特殊機関内の学校で日本語を教えていて、九六年に交通事故で死亡したと通告があり、この人の遺骨を北朝鮮側が二度にわたり日本側に引き渡すという例外的な措置をとりました。渡された遺骨をＤＮＡ鑑定したところ、松木氏のものではないことがわかったとして、日本側が抗議すると、別の骨をあらためて差し出したのです。しかし、その骨も松木氏のものではないということが日本側の結論です。ということは、松木氏の骨を葬ったのだが、合葬されていて、骨の特定が北朝鮮側にもできないことを示しているのかもしれません。あらためて、この経過は北朝鮮が松木氏の死亡を確実視していて、それを日本側に証明しようと躍起になっていることを示しています。

拉致の第三の目的は、北朝鮮の工作員に日本人になりきるための生活習慣の教育をおこなう教育係を得るためということです。これは、田口八重子氏のケースです。田口氏は池袋のキャバレーでホステスとして働いていて、シングルマザーとして三歳と一歳の子どもを育てていました。その彼女が、子どもたちをベビーホテルに預けたまま、客であった北朝鮮の工作員とともに旅行に出かけ、そのまま帰らなかったのです。海岸で拉致されるとしても、東京からそこまでは自分の決断に基づく旅行だったのでしょう。当然彼女の特別な職業的技能を北朝鮮の工作員に伝授させるために拉致されたと考えるのが正しいと思われます。彼女に関し北朝鮮は、夫の原敕晁氏が死亡した一〇日後、一九八六年七月三〇日交通事故で死亡したと通告しています。しかし、これについても、その時点では田口さんは生きていたという証言が帰国した蓮池、地村氏らからあったことはすでに述べました。

決定的に重要なことは、彼女が大韓航空機爆破事件の犯人金賢姫の教育係であったことです。金賢姫と関係していた人物であったとすると、北朝鮮が彼女を生存者として公開の場に出すことは考えられません。金賢姫の存在を認めることになってしまうからです。北朝鮮は金賢姫という人間はいない、大韓航空機爆破事件には北朝鮮は関係していないと言い続けているのですから、田口さんが生きていたとしても亡くなったと主張する可能性があります。そういう事情を推定できるのは田口八重子さん一人だけだと思います。

拉致の第四の目的は、北朝鮮にいる外国人の客、亡命者に対する配偶者を調達するためということです。亡命米兵ジェンキンス氏のために拉致された曽我ひとみさんのケースです。チャールズ・ジェンキンス氏は一九六五年一月、在韓米軍兵士として軍事境界線に勤務していた時（当時二五歳）、ベトナム戦争に派遣されるとの命令を拒否して、脱走し北朝鮮に亡命したのです。ですから、北朝鮮はこの人を大事にしていたわけです。同じような脱走米兵が四人いたのです。その四人に配偶者を確保するために、はじめ北朝鮮はレバノンから連れてきた女性と結婚させようとしましたが、ジェンキンス氏はこれを拒絶しました。そこで北朝鮮は、日本から女性を拉致することにし、一九七八年八月、母親のミヨシさん（当時四六歳）と一緒にいた曽我ひとみさん（当時一九歳）を拉致したのです。曽我ひとみさんは、北朝鮮に入って、はじめ横田めぐみさんと一緒の家に住んでいましたが、一九八〇年六月にジェンキンス氏のもとに英語を習いたいとして送られ、二人はほぼ一カ月後に結婚しました。この作戦は成功したのです。

ところで、曽我ひとみさんとともに拉致された母のミヨシさんですが、花嫁を拉致し連れてくるのが目的ですから、花嫁の母は必要ありません。北朝鮮は、曽我ミヨシさんについては「入境せず」と回答しています。非常にむごいことですが、母親の曽我ミヨシさんは船上で殺害された可能性があると考えられます。この疑惑を交渉によって詰めるべきだと思います。

5　横田めぐみさんの場合

なぜ拉致されたのかわからない、いわば目的なき拉致があります。それが横田めぐみさんのケースです。

横田めぐみさんは拉致された一九七七年当時、中学一年生、一三歳でした。そのような少女を拉致する必要性は存在しません。私はこれが試験的な拉致、こうすれば拉致ができるという試験のための拉致だったと考えます。拉致させた工作機関の責任者は拉致してきたのが中学生であったことを知って、当惑したのではないでしょうか。しかし、慎重な態度をとり、この少女を生かすことにしたようにみえます。長く生活させ、その間にゆっくりと、完全に洗脳すれば、北朝鮮の意のままになる工作員にできるかもしれないと考えたのかもしれません。

拉致された当時、途方にくれていた横田めぐみさんに指導員が「朝鮮語をしっかり勉強しなさい。これをしっかり勉強したら、きっと日本に帰れる」と言ったということが伝えられています。そのため、彼女は必死で朝鮮語を学んだのです。北朝鮮での五年がすぎて、一八歳となったころには、彼女は立派に朝鮮語を使えるようになっていました。そのころから彼女は「朝鮮語を勉強したら、日本に帰すという約束ではないか、日本に帰してほしい」と要求しはじめたのです。

彼女は、非常に強い意志を持った人でした。次第に指導員にはげしく要求するようになったといわれています。そのため彼女は早くから精神病院に入れられ、精神安定の治療をうけたと考えられます。一般に、共産主義国では、当局に対して繰り返し反抗的な態度をとる人間は、政治犯として逮捕投獄する前に、精神病患者として入院させることがよく行われました。ソ連でもよくそのようなことが行われました。私も、一九七〇年代末に、まったく正常なのに精神病院に入れられたロシア人の友人を見舞うために、精神病院の中庭にはいったことがあります。横田めぐみさんが自分の運命を耐え忍ばずに、日本に帰してくれと要求し続ければ、精神病院に入れられたことは想像するのは難しくありません。健全な人間でも、精神病院に入れられて、精神安定剤を多量に投与される、その他の治療をも行われると、精神異常になってくるものです。

横田めぐみさんにかんする韓国情報部経由の最初の情報は、石高健次氏がもたらしたものですが、最初から横田めぐみさんが精神病院に入れられていたと伝えています。それは横田めぐみさんが北朝鮮の工作機関の命令に従わず、最初から自分を日本に帰すよう要求し続けたことを意味しています。

横田めぐみさんの状況については、二〇〇六年一〇月三日に日本テレビで放映された報道局制作の報道特別ドラマ「再会―横田めぐみさんの願い」が与えてくれる情報がすべてです。それは蓮池薫夫妻、地村夫妻、曽我ひとみさんが語ったところに基づいて制作されたドラマです。このドラマによると、蓮池夫妻と地村夫妻は一九八四年九月、忠龍里招待所で田口八重子さんとの共同生活をはじめた横田めぐみさんに会ったとのことです。二〇歳になった横田めぐみさんは毎日のように指導員に日本に帰せと迫っていたようでした。彼女を落ち着かせるために、年上の田口八重子さんと同居させたのだが、効果がなかったと描かれています。横田めぐみさんは、芯の強い気性のしっかりした女性で、自分が北朝鮮に連れてこられた運命に決して屈しなかったのです。

一九八六年春、田口八重子さんは持病の腰痛が悪化して、治療を受けるという理由で、めぐみさんのいる招待所から離れました。その直後、蓮池・地村夫妻も引っ越しを命じられ、めぐみさんはあらためて孤独の生活に戻ることになります。彼女は引き続き、指導員に日本に帰せと迫っていたと思われます。それでその次に考えられたのは、結婚させて落ち着かせるということでした。

日本語を習いたいという韓国人拉致被害者である金英男《キムヨンナム》氏が現れ、二人は仲良くなり結婚することになりました。一九八六年八月一三日、二人は結婚しました。めぐみさんは二一歳でした。

結婚すると、大陽里招待所へ移り、ふたたび蓮池・地村夫妻と一緒になりました。翌年九月、めぐみさんは娘ウンギョンさんを出産しました。しかし、そのあと問題が起こりました。一般に「産後うつ病」という病気があります。軽いものは「マタニティー・ブルー」と呼ばれるもので、出産後三－五日ごろにピークになる不安・焦燥などの軽うつ状態のことです。産婦の半数近くが経験し、一〇日後頃には自然消滅する場合が多いです。しかし、めぐみさんはすでに精神的に不安な状態であったため、より重症の「産後うつ」状態になりました。「産後うつ」では、既往の精神的障害が再発するケースも多いと言われています。

日本テレビのドラマは、娘のウンギョンさんが三歳になった一九九〇年ごろからめぐみさんの精神状態が悪化したと描いています。めぐみさんは髪を切るとか洋服を焼くとか、ナイフを手首に当てるといった自傷行為をしたことが描かれています。家庭は崩壊状態に陥っていたので、娘のウンギョンさんは蓮池家に引き取られて面倒を見てもらうような状況であったようです。めぐみさんはますます日本に帰りたいという思いを強め、それに執着していったのです。そして、ついには統制区域から脱走して、日本に帰る、万景峰号のいる港に行くとか、飛行機にのるために順天空港へ行くとかの行動をとり、危険な立場に陥ることになりました。蓮池薫氏は、このことは上部には報告しないでくれと必死に指導員に頼んでいたわけですが、それですむ話ではなかったでしょう。

この全過程において、横田めぐみさんは精神病院に入ったり、出たりをくりかえしていたようです。しかし、一九九四年三月一三日、めぐみさんはついに義州の隔離病棟に送られることになり、蓮池夫妻、夫の金英男氏に見送られ、車で出発します。蓮池夫妻は、この日から帰国までの以後八年間、めぐみさんには一切会っていないと述べています。

横田めぐみさんは、自分が拉致されたという過酷な運命に対して抵抗することをやめず、一〇年余のあいだ闘い続け、精神病院にくりかえし入れられ、精神安定の治療も加えられ、精神的にも、身体的にもますます追い詰められた状態に至ったと考えられます。その壮絶なる孤独な闘いは大きな敬意に値するものです。その抵抗は、拉致された一七名のうちでも断然際立っています。

北朝鮮では、横田めぐみさんについては、平壌の病院入院中に院内で自殺したと通告してきています。死亡の日付けは訂正の上、一九九四年三月一三日だと記載されています。これは蓮池夫妻が義州の隔離病棟に行くめぐみさんを見送った日と同じ日付です。出されたカルテ、渡された遺骨についても、多くの疑問・議論があります。しかし、その説明・資料がいかに疑問が多いものであれ、横田めぐみさんが死亡したという通知を否定するに足りる情報・根拠は与えられていないのが現実です。肉親である娘のウンギョンさんは母は死亡したと考えて、二〇年余を生きてきたことが知られています。元夫である金英男氏は、妻であった横田めぐみさんが死亡したと考えて、九〇年代の後半に再婚しています。

6　横田早紀江さんの決意

最後に横田めぐみさんの母、横田早紀江さんの考えについてご紹介しておきたいと思います。

二〇〇二年九月一七日、小泉首相が訪朝し、日朝首脳会談を行って平壌宣言を出したさい、金正日《キムジョンイル》委員長が拉致をみとめ、謝罪し、五人生存、八人死亡と伝えてきました。その知らせは日本の家族たちに大きな衝撃を与えました。家族会の記者会見で、横田滋氏は涙を流しながら、「私はいい結果が出るということを楽しみにしていました。しかし、結果は死亡という残念なものでした。それで、めぐみはすでに結婚しており、女の子がいるということを聞かせていただきました」と述べました。そのあとで、横田早紀江さんは、大変な自己抑制をみせ、涙もみせず、透徹した論理の驚くべき決意表明をされました。

「今日、思いがけない情報で、本当にびっくりいたしましたけれども、あの国のことですから、何か一所懸命に仕事をさせられている者は簡単には出せない、ということだろうと私は思っております。絶対に何もない、いつ死んだかどうかもわからないような、そんなことは信じることはできません。そして、これまで長いあいだ、このように放置されてきた日本の若者たちのことを、どうぞ皆さまがたも、これから本当に真心をもって報道してください。日本の国のために、このように犠牲になって苦しみ、また亡くなったかもしれない若者たちの心のうちを思ってください。

このようなことですけれども、私たちが一所懸命に支援の会の方々と力を合わせて戦ってきたこのことが、大きな政治のなかの大変な問題であることを暴露しました。このことは本当に日本にとって大事なことでした。北朝鮮にとっても大事なことです。そのようなことのために、めぐみは犠牲になり、また使命を果たしたのではないかと私は信じています。」

以上の言葉で、横田早紀江さんは、めぐみさんも含めて、拉致された若者たちが死亡したかもしれないということを受け入れています。北朝鮮が行った拉致の行為は罪のない市民の人格と生命に対する犯罪的な加害行為であり、この犠牲者はそのような犯罪が行われたことを証明するという「使命」を果たしたのだと説明しています。それは日本にとっても、北朝鮮にとっても、意味のあることだったと言い切っています。

そして、その人々のことを考えて、自分はこれからどうするかを語っています。

「いずれ人は皆、死んでいきます。本当に濃厚な足跡を残していったのではないかと、私はそう思うことで、これからも頑張ってまいりますので、どうか皆さまとともに戦っていきたいと思います。本当にめぐみのことを愛してくださって、いつもいつも取材して下さって、めぐみちゃんのことを呼びつづけてくださった皆さまに、また祈ってくださった皆さまに心から感謝をいたします。まだ生きていることを信じつづけて戦ってまいります。ありがとうございました。」（横田早紀江『めぐみへ、横田早紀江、母の言葉』草思社、二〇〇七年一〇月）

「濃厚な足跡を残した」その生の意味を受け継ぎ、自分はこれから闘っていくと宣言しているのです。拉致をした北朝鮮という国の権力、体制の責任を問い続けるというわけです。そして、最後に闘って行くにあたっては、「まだ生きていることを信じつづけて戦ってまいります」と説明しています。生きていると信じることが闘争の道だとされているのです。あの母にして、あの娘ありと。毅然として闘いつづけた一六年間であったと理解されます。

Ⅱ　日朝首脳会談の成功と逆転——平壌宣言はなぜ反故にされたのか

拉致問題について日本政府は一九九一年から北朝鮮政府と交渉してきましたが、長いあいだ北朝鮮政府は拉致事件への自分たちの関与を認めず、交渉することを拒んでいました。二〇〇一年からはじまった日朝秘密交渉の中で、国交正常化の話し合いが確実に前進した時、北朝鮮は拉致事件への関与を認め、二〇〇二年九月の日朝首脳会談のさいに回答を出したのです。北朝鮮は拉致を認めて、謝罪し、二度とくりかえさないと表明しました。これは一三人を拉致して、五人は生存しているが、八人は死亡していると通告しました。これは拉致問題に関する交渉の決定的な前進でした。

もちろん、北朝鮮が拉致の事実をみとめ、拉致した人の大半はもう生きていないと言われたことが被害者の家族にとって大きな衝撃といっそうの苦しみを与えたことは事実です。しかし、首脳会談の翌月には、生存被害者五名が帰国しました。しかし、日本の中では、北朝鮮に対する険悪な雰囲気が高められ、北朝鮮と対立し、国交交渉ができなくなってしまいました。

二〇〇二年には何が起こったのか、成功と挫折、前進と行きづまりがどうしてつづいたのでしょうか。

1　日朝国交正常化への努力は一九八〇年代からはじまった

日本は一九四五年にポツダム宣言を受諾して、米英中ソの連合国に降伏し、関係諸国と講和条約、国交正常化の条約を結んできました。ポツダム宣言はカイロ宣言の履行をも義務付けています。一九四三年の米英中三国首脳のカイロ宣言は植民地朝鮮の解放を要求しました。この点については、降伏後、日本は朝鮮半島から完全に撤退し、一九六五年には南半分の大韓民国と日韓条約をむすび、国交正常化を果たしました。しかし、北半分の朝鮮民主主義人民共和国とは条約をむすぶことはなく、国交正常化は果たされませんでした。この欠落は、日本降伏にともなう義務である外交的手続きの唯一の未達成部分として残っていました。結果として、朝鮮民主主義人民共和国は世界のすべての国の中で日本がただ一つ国交をもたない国となっていたのです。

もう一つの問題が朝鮮戦争がつくりだした状態です。すでに述べたように、米国は日本を占領しているということを条件として、韓国を攻めた北朝鮮との戦争に参加しました。日本は米国の命令に従って、この戦争に協力しました。北朝鮮からみるとき、日本は米国の司令部、基地、飛行場、軍港であり、この戦争の準参戦国でした。つまり、あたらしい敵対的関係が日本との間に形成されたと受け取られました。一九五三年に停戦協定が結ばれた後も、この関係が続きました。したがって、北朝鮮としては、朝鮮戦争の中で生まれたこの新しい敵対関係をも終わらせる課題が意識されていたのです。

日本において、この国との国交正常化の問題が提起されたのは、一九八〇年代前半のことです。韓国民主化運動から強い印象をうけた日本の市民たちが一九八四年七月に、朝鮮問題の打開のために、日本の植民地支配に対する謝罪を表明する国会決議の採択を提案したことがありました。そのさい、この人々は、この国会決議を北朝鮮にも伝えて、「植民地関係清算のための交渉をはじめる」ことも、あわせて提案したのです。

この提案は八八年九月八日の宇都宮徳馬、安江良介、和田春樹らの声明「政府に朝鮮政策の転換をもとめる」に取り入れられました。当時は竹下内閣で、外務省も日朝交渉に前向きでした。そしてとうとう一九九〇年、海部総理の親書を持って金丸・田辺訪朝団が訪朝することとなったわけです。平壌で金丸信氏は、明らかに植民地支配について謝罪をしましたので、金日成は日朝国交正常化交渉を開始することに踏み切り、それを望む三党共同声明が出されることになりました。このとき、北朝鮮側は、「戦後四五年間朝鮮人民が受けた損失について」も日本が謝罪し償うべきであることを主張し、それを三党声明に盛り込ませました。日本側には理解できないことでした。しかし、日朝国交正常化は、日本の朝鮮植民地支配の歴史的清算のためだけでなく、朝鮮戦争によって生まれた両国の敵対関係を終わらせることをも果たさなければならなかったのは間違いありません。

この合意の結果、一九九一年には日朝国交交渉が正式に開始されることになりました。この交渉は八回の会談を重ねましたが、一九九二年決裂に終わりました。この決裂の原因の一つは、北朝鮮の核開発に米国が強く反発したことです。米国は北朝鮮に核査察を要求し、これに応じなければ、国交交渉はできないと言うように日本に迫りました。もう一つの原因は、田口八重子さん、李恩恵の問題を日本が持ち出したことに北朝鮮が強く反発したことでした。そういった経緯で日朝国交交渉はわずか二年で中断されてしまいました。中断は八年間もつづきます。

2　深刻な争いは一九九〇年代からはじまった

一九九二年に日朝交渉が中断された後は、核査察問題で米朝関係が非常に深刻な対立におちいりました。一九九四年には、米朝戦争の瀬戸際という事態となってしまいます。北朝鮮が寧辺《ヨンビョン》の核施設から使用済みの核燃料の取り外しを開始すると言い出したので、米国は、取り出された核燃料を再処理すれば、六発から二〇発の原爆ができると警戒し、これに対してクリントン政権は軍事的対応措置を考え始めました。これらの措置が実施された場合、北朝鮮が攻撃・反撃に踏み切れば、戦争になり、一〇〇万人の死者が出るという試算が出ました。検討が続けられている間に、一九九四年六月一六日、カーター元大統領が訪朝して、金日成と会談し、妥協案が打ち出され、危機が回避されるわけです。金日成はその直後に急死しましたが、後を継承した金正日が一〇月に米朝枠組み合意という画期的な合意を成立させることになります。北朝鮮はプルトニウムをつくる黒鉛減速炉を凍結解体し、米国が軽水炉二基を建設する、それが稼働するまで、重油五〇万トンを毎年提供するという内容です。

米朝関係が改善したのですから、日朝交渉も再開しようということになるのは当然です。日本では、同じ月には自社さ・村山政権が誕生していたのです。自民党の政調会長加藤紘一氏は、村山内閣の課題が沖縄問題の解決であるとすれば、やはりその前に朝鮮問題を解決しなければならないのではないかと考え、その実行をめざしました。

この年秋、与党三党の責任者会議で、自民党から「日朝正常化が村山政権の取り組むべき重要テーマである」と提起し、合意されました。加藤氏は北朝鮮側と直接折衝し、渡辺美智雄元副総理を団長とする与党三党訪朝団の訪朝をとり決めました。

九五年三月九日米朝合意を受けて、米日韓三国は「朝鮮半島エネルギー開発機構（ＫＥＤＯ）」の設立協定に調印しました。北朝鮮に軽水炉の原発をつくるのに日本も韓国とともに資金を提供することになったのです。渡辺三党訪朝団はこの月、二八日に訪朝しました。加藤氏自身は同行しませんが、彼の事務所から秘書の他、吉田猛氏なる人物が参加しました。この人は日本国籍を取得した在日朝鮮人実業家で、長年日朝間のパイプ役を務めてきた人物でした。すると、この人を同行させたということを捉えて、加藤氏を攻撃する集団が現れます。

日韓連帯運動から始まって、過去の植民地支配を謝罪し、あたらしい日韓関係をめざし、同時に日朝交渉を提案するという市民運動が80年代から始まったことはすでに述べました。朝鮮問題に取り組んでいた人々の中で、この新しい市民運動に対立する動きが起こります。これが佐藤勝己氏を中心とする「現代コリア」グループです。

佐藤勝己氏は、一九五〇年代には日本共産党員として、新潟で在日朝鮮人の帰国運動を助けるところから運動をはじめました。一九六〇年代に東京に出て、日本朝鮮研究所の事務局長となり、日韓条約反対運動に大きな貢献をしました。一九七〇年代には在日朝鮮人の人権問題に熱心にとりくんでいましたが、次第に北朝鮮の体制を否定的にみるようになり、それまで一緒に運動していた内海愛子氏、梶村秀樹氏らと袂を分かちました。一九八四年には日本朝鮮研究所を解散し、『朝鮮研究』を廃刊にして、現代コリア研究所をスタートさせ、『現代コリア』という活版刷りの立派な雑誌を発行するようになりました。これは明らかにスポンサーが付いたということです。『現代コリア』の刊行には、最初はいろいろな人が関わっていたのですが、佐藤氏の北朝鮮批判が強いので、皆が離れていき、結局残ったのは現代コリア研究所所長の佐藤勝己氏、『現代コリア』編集長の西岡力氏、研究部長の荒木和博氏の三人となりました。そして、一九九〇年代に入ると、佐藤氏は朝鮮植民地支配を謝罪することにも反対すると言うようになります。日朝交渉に対しては最初から批判的でした。

一九九五年三月三〇日、渡辺訪朝団と金容淳書記が「日朝会談再開のための合意書」に署名しました。日朝会談を再開するために、①「不幸な過去を清算し、国交正常化の早期実現のため努力する」②「対話再開には、いかなる前提条件もないこと」③「会談が徹底して自主的で、かつ独自の立場で行われるべきであることを確認する」④「それぞれの政府が会談を積極的に進める」という四原則で合意したのです。

この動きに強く反発したのが韓国の金泳三《キムヨンサム》政権でした。「タイミングが疑問だ」というのが理由でした。そして、これに呼応するかのように、佐藤勝己氏と『現代コリア』の人々が猛烈に攻撃しました。佐藤氏は、加藤紘一氏に焦点をあてて攻撃し、加藤氏のスタッフとして訪朝団に加わった吉田猛氏は「北朝鮮のエージェントだ」と非難を加えたのです。佐藤氏は、『現代コリア』で加藤紘一氏と対談を要求し、つづけて猛烈に攻撃を加えました（対談「日朝交渉再開に反対する」、『現代コリア』一九九五年五月号）。

当時、北朝鮮では自然災害にむすびついて、食糧危機が起こり、多くの餓死者が出ていました。北朝鮮側は、訪朝した三党代表団にコメ支援を要請しました。北は南にも食糧支援を要請しており、六月には、韓国が一次分として一五万トンのコメを無償提供することで合意していました。日本も、六月三〇日、一五万トンを無償供与、一五万トンを三〇年の延べ払いとすることで、総量三〇万トンを供与することで合意しました。

これに韓国の政権が反発しました。金泳三大統領は、「日本は韓国の頭越しにコメ交渉を行い、統一を妨害する姿勢をとっている」と批判しました。佐藤氏たちは、対談「独裁政権を助けるコメ支援」を『現代コリア』六月号に発表しました。すると、『ＡＥＲＡ』

六月一二日号で、長谷川熙記者が「コメ人道援助の深き暗闇」を書き、「新利権発生の疑惑」があると攻撃しました。『週刊新潮』七月二〇日号は、「自民党がマンマと乗せられた北朝鮮『コメ』の謀略」を載せました。

金泳三大統領は、さらに、村山首相が一〇月五日の参議院本会議で「日韓併合条約は、当時の国際関係等の歴史的事情の中で、法的に有効に締結され、樹立されたものと認識している」と答弁したことを批判しました。村山政権としては、全泳三大統領に対してその点ではお詫びしなければならない、しかしやはりコメ支援はやらなければならない、ということで、混乱してしまいました。結局、村山首相は、一九九五年一一月一四日、日朝関係においては、韓国と「緊密に連携しつつ、南北関係の進展との調和の原則に従う」と約束する手紙を金泳三大統領に送りました。これで、日朝交渉の再開ができなくなってしまったのです。

このとき、佐藤氏と西岡氏は『文藝春秋』一二月号に「加藤紘一幹事長は北の操り人形か」なる一文を発表しました。金容淳《キムヨンスン》書記の任務は、「南朝鮮革命」（赤化統一）であるとし、このような人物を相手にして、「日朝交渉が再開されたとしても、あくまでも工作レベルでコメやカネを食い逃げされるだけで結果として独裁ファッショ政権の延命に利用されることに終わるのだ」という主張を展開しました。

この時期、加藤紘一氏に対する人身攻撃は相当なレベルのものとなったようです。加藤氏は、のち二〇〇二年議員を辞職するさいの国会陳述（衆議院予算委員会、四月八日）で、「途中でかなり、まあ正直に言ってＫＣＩＡ中心の……反対がありまして」、「加藤紘一と佐藤三郎［加藤氏秘書］が北朝鮮に、にせ米ドル印刷機を輸出している」という話が週刊誌に出たし、同時に、「サリンの製造機を輸出しているという記事」も出たと述べています。

このような完全な謀略も加えられ、自由民主党政調会長加藤紘一氏の行動は封じられました。村山内閣は、日朝交渉を再開することはできないまま、一九九六年一月、総辞職しました。

3　横田めぐみさんの拉致が浮上した

こうして日朝国交交渉を再開させようとする動きとそれに反対する動きが対立する中で、一九九六年に横田めぐみさんの拉致が浮上したのです。バドミントンの練習の帰りに少女が拉致され、彼女は朝鮮語を学んだが、日本に帰れないとわかり、一八歳のさい精神の変調をきたし、入院した、という情報が北朝鮮の工作員から韓国の情報部に入ったことが、テレビ朝日のディレクター石高健次氏の耳に入りました。石高氏はその話を『現代コリア』八月号に書きました。現代コリア研究所所長の佐藤勝己氏がこの話と新潟で行方不明になった女子中学生とを結びつけて、横田めぐみさんの拉致事件を世に出すことになったのです。横田めぐみさんの拉致ということが明らかになって、拉致問題ははじめて国内政治の問題となったと言えます。このことが佐藤氏の功績であったということはすでに申しました。

問題は、佐藤氏が日朝国交交渉に反対して、そのために努力する加藤紘一氏などの動きを阻止するために動いてきた人物であったことにあります。そういう政治的立場を持った佐藤勝己氏が拉致問題の運動の中心に座ったことはその後の歴史に大きな影響を及ぼすことになりました。一九九七年三月には、拉致被害者の家族会が生まれ、代表には横田滋氏が推されました。一九九八年四月には救う会の全国協議会が結成されましたが、その会長には佐藤勝己氏が選ばれました。これ以降、横田滋氏と佐藤勝己氏の連名で、拉致問題に関するあらゆる声明が出されていくことになるのです。佐藤氏は完全に横田滋さんの後ろ盾となって、運動の最高指導者になったのです。

長年、肉親の行方不明、失踪に苦しんできた人々にとっては、横田めぐみさんの問題を経て、北朝鮮拉致疑惑の七件一〇人が政府に確認されたことは大きな希望を与えることだったと思います。しかし、拉致疑惑をはっきりさせるには、北朝鮮と交渉するしかありません。北朝鮮は、田口八重子さんの問題を出されてもずっと交渉を拒否してきました。そうであればこそ、安否確認にせよ、生存者の解放にせよ、北朝鮮に要求をぶつけるためには、北朝鮮との国交交渉を再開することが必要になるはずでした。だが、一九九七年一〇月四日に開かれた「北朝鮮に拉致された日本人を救出する会」の結成大会宣言は、「拉致という信じがたい暴挙が起きていることは、個人独裁から来る『目的のためには手段を選ばない』北朝鮮の政治体制に由来するもので、その責任はあげて北朝鮮にある」と宣言するだけでした。

一方、村山首相の辞任をうけて政権を継承した橋本首相の内閣では、野中広務官房長官が日朝交渉再開を目指して動き出していました。一九九七年八月から日朝両政府は、五年ぶりに日朝審議官級予備会談を始めました。北京で開かれた会談では、日本人妻の里帰りの実施で合意がなされ、拉致問題の調査の実施についても合意が生まれました。また、日本政府は新たなコメ支援も決定しました。一五人の日本人妻の里帰りは一一月に実施されました。同じ月、与党三党の訪朝団が訪朝しました。

ところで、一九九八年六月になると、北朝鮮赤十字は、行方不明者として調査を求められた一〇人については何も発見できなかったと回答し、日本政府を強く反発させました。

さらに一九九八年八月三一日には、北朝鮮がテポドン・ミサイルを発射すると、日本政府は、さらに反発し、国交正常化交渉は中断、食糧支援も凍結、ＫＥＤＯへの資金供与を見合わせると決定しました。しかし、米国は、米朝枠組み合意を守ることを望み、重油提供の継続を再確認したので、米韓の要請を受けて、日本もＫＥＤＯの資金提供凍結を解除しました。

こうした政府の動きに対して、佐藤氏たちは、一九九七年一二月一八日、「北朝鮮に拉致された日本人を救出し、侵害された主権を回復する緊急国民大会」（二五〇〇人）を開き、政府の外交努力を「拉致問題を事実上棚上げに」するものと批判して、「最優先でやらなければならないことは拉致された日本人を釈放させることである」と主張しました。「救う会」はすでにニューヨークタイムスに意見広告を載せ、米国の世論に訴えかけて、北朝鮮へ圧力をかけさせるという道に立っていたのです。

この時期の拉致問題運動のキャンペーンにおいて重要な役割を果たしたのが、脱北工作員安明進でした。彼は、最初に石高氏の取材を受けた時には、横田めぐみさんのことは何も言っていなかったのに、日本で横田めぐみさんの拉致の件が盛り上がると、高世仁氏に「私は横田めぐみさんに会っている」と言い出し、新しい印象的な証言をつぎつぎにするようになりました。それが日本の世論に決定的な影響を与えたのです。

全国協議会では、一九九九年五月二日、日比谷公会堂での国民大集会を呼びかけ、一〇〇〇人以上を集め、集会を成功させました。安明進を招請し、一九九八年七月末から八月はじめまで全国縦断講演会を行いました。

一方で、野中広務氏は内閣官房長官をやめて自民党幹事長代理となっても、日朝国交交渉の再開のために努力していました。一九九九年一二月、村山元総理を団長とし、野中氏も加わった超党派議員団が訪朝しました。北朝鮮側の金容淳書記との会談で、拉致問題と日本人妻の帰国問題は、人道問題として赤十字会談で解決するように勧告することで合意しました。これで日朝交渉を再開することになりましたが、救う会や家族会は、この動きに批判を浴びせました。

村山訪朝団の訪朝を受けて、国交正常化交渉は二〇〇〇年四月五日から平壌で再開され、第九回会談が行われました。北朝鮮側はこの時、植民地支配に対する謝罪と補償を要求し、このことを前提として国交を正常化することを求めました。日本側は、拉致問題とミサイル問題の解決を求め、謝罪は村山談話で果たされている、補償は経済協力方式で行いたいと主張しました。第一〇回会談は、二〇〇〇年八月東京で行われ、北朝鮮代表は、ミサイル問題は自主権の問題だ、拉致問題は「ありえない問題」だと反発しました。第一一回会談は一〇月北京で行われました。この会談の内容は発表されないままとなりました。前進はなかったのです。

しかし、私たちは時がきたと考えました。二〇〇〇年九月、議員をやめた村山元首相を会長に、明石康、三木睦子、隅谷三喜男の三氏を副会長に迎えた日朝国交促進国民協会を発足させました。私が事務局長になりました。この会は拉致問題に対する態度を明らかにしなければなりません。

私が雑誌『世界』二〇〇一年一－二月号に、「拉致疑惑問題についての考察」という論文を書きました。その中で、「一〇人の拉致被害疑惑者がいる中で、原敕晁さんの件だけが明瞭な拉致である」と指摘し、「この件は拉致として交渉すべきであるが、それ以外の九人は横田めぐみさんを含め、拉致されたというはっきりとした証拠がないため、行方不明者として日朝交渉の中に乗せていかなければならないのではないか」と主張しました。私は横田めぐみさんについての安明進の証言をこまかく分析し、証言が時と共に膨張していくことを指摘し、信頼性がないと主張しました。救う会の側はつぎつぎと人を代え、猛烈に反論してきましたが、私は確信をもっておりました。

4　首脳会談へむけての秘密交渉が進められた

私たちが強気になっていたのは、二〇〇〇年に入って、北朝鮮をめぐって、新しい状況が開けていたからです。経済的に危機的な状況を脱した北朝鮮は飛躍をはからなければならなくなっていました。金正日はまず韓国のあたらしい大統領金大中との南北首脳会談を行いました。金大中大統領が二〇〇〇年六月一三日、平壌順天空港に降り立ちました。金正日国防委員長はタラップの下まで出迎え、両首脳は抱き合いました。実に歴史的な瞬間でした。

つづいて、金正日は米朝政府接触に乗り出しました。一〇月、北朝鮮のナンバー2，国防委員会第一副委員長趙明録《チョミンノク》がアメリカに派遣されました。趙は、ホワイトハウスでクリントン大統領に金正日の親書を渡し平壌に招きました。クリントン大統領は、まずオルブライト国務長官を平壌に行かせると回答しました。一〇月二三日、オルブライト長官が訪朝し、金正日と会談しました。不幸なことに、年末の米大統領選挙でゴア候補が共和党のブッシュ候補に敗れました。クリントン大統領は、訪朝する決断が下せなかったのです。米朝関係前進のチャンスは失われてしまいました。

だが、金正日はあくまでも前進しようとしました。新経済政策を打ち出したのです。

二〇〇一年元旦の三紙共同社説は、「人民経済全般を現代的技術で改建する」との方針を発表しました。「改建《ケゴン》」という言葉は、ロシア語の perestroika の訳語です。現代技術で経済をペレストロイカしなければならない、そうしなければ経済を発展させられない。現代的な技術とはどこから持ってくるかといえば、それは日本です。日本と国交を樹立して日本から持ってくるという考えです。

二〇〇一年一月、森喜朗首相のもとにメッセージが来て、秘密交渉をしたいという申し出がありました。今までは公然の交渉だったからうまくいかなかった。首脳会談での一挙的な合意をめざすという方策を提案したのです。森首相は、腹心の中川正直議員をシンガポールに派遣しました。金正日の特使姜錫柱《カンソクジュ》外務第一次官は、中川氏に、植民地支配のもたらした苦痛と損害に対する補償の要求をおろし、経済協力方式を受け入れると表明し、拉致問題については、首脳会談で「解決してください」、あるいはそこで「すべてひっくるめて申し上げます」と回答しました（森対談、『諸君』二〇〇二年一二月号）。しかし、森首相は、二〇〇一年三月にイルクーツクで日ロ首脳会談をやるので精いっぱいでした。日朝交渉には手が出せませんでした。

しかし、金正日はあきらめませんでした。二〇〇一年四月、小泉純一郎氏が総理大臣になると、今度は北朝鮮は日本の外務省にアプローチし、その話が新任の田中均アジア大洋州局長のところに来ました。二〇〇一年九月、田中局長は福田康夫官房長官の指示を仰ぎ、小泉首相の支持をうけて秘密交渉を開始しました。

この時、アメリカは九・一一のアルカイダ同時多発テロの攻撃を受けて、大混乱の中にありました。ブッシュ大統領は、一〇月四日にアフガニスタンへの爆撃を開始し、それからイラク戦争へという危険な方向へ向かっていきます。日本としてはそういう混乱している米国には知らせずに日朝交渉を断行すると決断したのです、アメリカは賛成しないかもしれない、それでもやるという姿勢です。

こうして始まった田中均局長と北朝鮮国防委員会のミスターXとの間の秘密交渉は二〇〇一年秋から二〇〇二年にかけて二〇数回行われたとのことです。この間、ブッシュ大統領は、二〇〇二年年頭の一般教書演説で、北朝鮮をイラクと並べて「悪の枢軸」とよびました。日朝交渉はアメリカに秘匿して進められたので、日本の政府の中でも、外務省の中でも、官邸の中でも秘密にしなければなりませんでした。

当然に、官邸には、官房副長官が二人います。厚生省からきた古川貞二郎氏は村山内閣で慰安婦問題に取り組んだリベラルで、田中氏の交渉を知らされ、支持し励ましました。だが、もう一人の官房副長官安倍晋三氏には知らせないという方針がとられました。安倍氏は一九九五年に戦後五〇年国会決議に反対する奥野議連の事務局長代理を務めてからは、党内タカ派の道を歩んできました。一九九七年二月には、「日本の前途と歴史教育を考える若手議員の会」を中川昭一氏とともに主宰して、事務局長となりました。この会は慰安婦問題に対する謝罪措置、河野談話に反対し、新しい歴史教科書を求める議論を起こしました。

そういう安倍氏は森派会長小泉純一郎氏に引き立てられ、二〇〇〇年末に森第二次内閣の官房副長官になり、小泉内閣ができると官房副長官留任ということになりました。

二〇〇一年の年末には日朝間で事件が起こりました。一二月二二日、北朝鮮の不審船が奄美大島から二三〇キロの海上で発見され、海上保安庁の巡視船に追われ、九時間にわたり逃走し、銃撃をうけて船は爆発、沈没しました。乗員一五人全員が死亡しました。官邸でこの事件に対処したのは、安倍官房副長官と杉田和博内閣危機管理監でした。安倍氏がこのとき何を考えたのかは知られていませんが、この海戦の指揮をとったことは安倍氏にとって重い経験だったのでしょう。杉田氏は第二次安倍内閣で官房副長官をつとめています。

二〇〇二年三月、よど号関連者の元妻が有本恵子さんらを拉致したと発言して、問題化した時、安倍副長官を主宰者として、拉致問題のプロジェクトチームがつくられました。安倍氏は、このチームの課題は、このようなハイレベルの会議を開くことで、内外に政府の姿勢を示すことだとしています。このころから安倍氏は外務省の拉致問題に対する姿勢を批判する意見をしばしば公表するようになりました。三月一五日の読売新聞の紙面では、外務省の槇田邦彦アジア大洋州局長が「たった一〇人のことで、日韓国交正常化が止まっていいのですか」と言ったと批判しました。一八日の参議院予算委員会でも、拉致問題への外務省の不熱心さを批判しました。このようにして外務省批判を展開している安倍氏には、ますます秘密交渉を知らせるわけにはいかないというのが福田官房長官の判断だったのでしょう。

田中氏の秘密交渉については、外務省の中でも野上義二次官、竹内行夫次官、川口順子外相ぐらいしか知らされませんでした。読売新聞社から出た『外交を喧嘩にした男——小泉外交二〇〇〇日の真実』（二〇〇六年）によれば、八月二一日、外務省の竹内外務事務次官の部屋に谷内正太郎総合外交政策局長、藤崎一郎北米局長、海老原紳条約局長の三氏が呼ばれました。そこで平壌宣言の草案が配られました。三人は驚愕しました。次々に疑問を口に出したようですが、田中局長は「既定路線だ」と押し切って、了承を取り付けることになりました。田中局長は、このあと、八月二四日、平壌に赴き、日朝外務省局長級会談を公然と行いました。そこで何を議論したのかについては、何も説明はありませんでしたが、終了後の記者会見で、「時限性」、「包括性」、「政治的意思」という三つのキーワードを強調しました。それで、首脳会談の開催を暗示したのです。

八月二七日、小泉首相は訪日したアーミテージ国務副長官に訪朝することを明かしました。自分が行って、拉致問題などの局面を打開したいと話したようです。さらにその夜、福田官房長官と田中局長がアーミテージ国務副長官とケリー国務次官補に交渉の経過を説明しました。アーミテージ氏らは驚いたが、黙って聞いてワシントンに報告しました。ブッシュ大統領は「愉快ではないが、小泉の立場を理解する」と言ったそうです。しかし、アメリカからすると、日本がアメリカに黙って独自外交を展開するというのは、前代未聞の反逆的行為であったでしょう。

ついに八月三〇日に日朝首脳会談を行うことが発表されました。この日の各紙夕刊は大見出しで「小泉首相来月一七日訪朝」と報じました。安倍官房副長官はこの日の朝はじめてこのことを聞かされたのです。一〇月一〇日の衆議院外交委員会で安倍氏は民主党木下議員の質問に答えて、「確かに、私が知りましたのは、発表された三〇日の早朝でございます。……この件に関しましては、私がそれを知らされた後は、総理ともかなり突っ込んだ協議をさせていただいたわけでございます」と述べています。安倍氏は官房副長官として、首相の外遊に同行する役割を与えられているのに、これはあまりに残酷な締め出しであったと言うべきです。

5　日朝首脳会談で平壌宣言が合意され拉致への謝罪が表明された

平壌での日朝首脳会談が実現したのは二〇〇二年九月一七日のことでした。会談の冒頭、金正日国防委員長は小泉首相に言いました。「総理が直接平壌を訪問するという模範を示されたので、近くて遠い国ではなく、隣国になるべきだと思います。」「近くて遠い国という関係は、二〇世紀の古い遺物になるのではなかろうかと思います。」

小泉首相は、「植民地支配によって朝鮮の人々に多大の損害と苦痛を与えた」ことに対して、反省と謝罪を表明し、その謝罪に基づいて「経済協力を実施する」ことを約束しました。「国交正常化に真剣に取り組んでいく考えである」とも表明しました。金正日委員長は拉致問題について、次のように述べました。「自分としては、この場で遺憾なことであったことを率直にお詫びしたい。二度と許すことはない。」

なお、首脳会談とは別のところで、北朝鮮側は拉致したのは一三人であるとリストを示し、うち五名のみが生存していると明らかにしました。

さらに工作船の領海進入についても謝罪し、「今後、こうしたことは起こり得ない」と表明しました。そして、核問題も含めて六者協議のような協議機関を作っていくという小泉首相の提案にも賛成しました。金正日委員長は核問題についてアメリカとの話し合いを望みました。

「我が国としては米国との間で対話を行っていく用意がある。この点はこれまでも繰り返し表明してきたところだ。このような共和国の考えは米国側に伝えてもらいたい。」このように言いました（朝日新聞九月一八日、九面）。

両首脳はかねて用意されていた日朝平壌宣言に署名しました。この宣言はこのようにはじまっています。

「両首脳は、日朝間の不幸な過去を清算し、懸案事項を解決し、実りある政治、経済、文化的関係を樹立することが、双方の基本利益に合致するとともに、地域の平和と安定に大きく寄与するものとなるとの共通の認識を確認した。」

第一項は国交正常化をすみやかに実現するために努力することで合意しています。第二項は植民地支配に対する反省とお詫びの表明、それにもとづく経済協力の約束です。

「2．日本側は、過去の植民地支配によって、朝鮮の人々に多大の損害と苦痛を与えたという歴史の事実を謙虚に受け止め、痛切な反省と心からのお詫びの気持ちを表明した。

双方は、日本側が朝鮮民主主義人民共和国側に対して、国交正常化の後、双方が適切と考える期間にわたり、無償資金協力、低金利の長期借款供与及び国際機関を通じた人道主義的支援等の経済協力を実施し、また、民間経済活動を支援する見地から国際協力銀行等による融資、信用供与等が実施されることが、この宣言の精神に合致するとの基本認識の下、国交正常化交渉において、経済協力の具体的な規模と内容を誠実に協議することとした。」

双方は、在日朝鮮人の地位に関する問題及び文化財の問題については、国交正常化交渉において誠実に協議することとしました。

第三項は安全を侵害する行動をつつしむこと、拉致問題や工作船による日本の領海侵入についてはくりかえさないことを誓う条項です。

「3.双方は、国際法を遵守し、互いの安全を脅かす行動をとらないことを確認した。また、日本国民の生命と安全にかかわる懸案問題については、朝鮮民主主義人民共和国側は、日朝が不正常な関係にある中で生じたこのような遺憾な問題が今後再び生じることがないよう適切な措置をとることを確認した。」

これは朝鮮戦争によって両国の間に生まれた敵対的な、「不正常な関係」を終わらせ、そのような関係の中で北朝鮮が行った日本人拉致の作戦、工作船を日本の領海に侵入させる作戦を二度と行わないという決意の表明です。

第四項は東北アジア地域の平和に対する協力を定めています。日本の外交文書で「東北アジア地域」ということが明記されたのは、これが最初です。この合意が六者協議の開始に道を開きました。双方は、核問題及びミサイル問題を含む安全保障上の諸問題に関し、関係諸国間の対話を促進し、問題解決を図ることの必要性を確認し、朝鮮民主主義人民共和国側は、ミサイル発射のモラトリアムを二〇〇三年以降も延長していく意向を表明しました。

会談が終って、別れる時、金正日委員長は小泉総理に次のように語りかけました。「国交正常化ができたらまた会いましょう。あなたの活動で大きな成果があがることを期待します。」つまり、金正日は平壌宣言で国交正常化へ道をつけた、後は外交官が話し合ってくれれば、国交正常化はすぐにできると楽観していたのです。

6　日朝交渉反対派はただちに巻き返しをはかった

一七日の夕刊が首脳会談の第一報でした。朝日新聞一面の大見出しは、「日朝首脳が初会談」「『近くて遠い国に終止符を』総書記」「拉致など懸案協議」というものでした。これまでの日朝関係を「二〇世紀の古い遺物」にしようという金委員長の決意の言葉が紹介されました。

この日午後、被害者家族は外務省の飯倉公館に集められました。そこで一家族ずつ別室へよばれ、福田官房長官（植竹繁雄外務副大臣同席）から拉致の事実と生存・死亡の別を知らされました。家族には驚愕の結果でした。午後六時から議員会館で家族たちは記者会見を行いました。横田滋、横田早紀江氏が述べた言葉はすでに紹介しました。他の家族の人々は、増元照明氏が述べた「証拠隠滅のため、殺された可能性が大だ」という意見をくりかえしました。「どういう死に方をしたのか、それだけはきっちり聞きたい」（有本嘉代子さん）というような意見も述べられました。この反応はきわめて自然なものでした。

この記者会見は翌一八日の朝日新聞朝刊に「なぜ死亡『余りに残酷』」「生きていると信じ続ける」という見出しで報じられました。この日の一面トップは「拉致、八人死亡五人生存」「金総書記、認めて謝罪」「正常化交渉を来月再開」などの大見出しでした。拉致問題が正面に出ています。二面の見出しも『国家犯罪』残った火種」で、社説の見出しも「悲しすぎる拉致の結末／変化促す正常化交渉を」でした。社説は、「痛ましい結末が明らかにされた」と拉致事件が確認されたことからはじまり、「国家が隣国の国民をゆえなく誘拐する行為は、テロ行為に等しく、とても許すことはできない」と強い憤りを表明しました。日本の市民の立場からすれば、当然の認識ですが、北朝鮮の側では、「日朝が不正常な関係にある中で生じたこのような遺憾な問題」ととらえている認識の差に注意を喚起しなかったのは、遺憾でした。

社説は、つづけて拉致についての北朝鮮の態度が一八〇度変わったことを是として、一層の変化を促すべきだと述べた上で、国交正常化のための交渉再開を歓迎しました。「日朝関係の改善は北東アジアの平和と安定の実現のために不可欠である」とし、拉致問題を「二度とおこさせないためにも交渉に入るという首相の決断を、植民地支配に対する謝罪表明とともに支持する」と述べています。これは理性の声でした。それでも、三面の大見出しは「拉致回答痛恨の『成果』」で、日朝平壌宣言の全文はようやく五面に載っています。

二面に「正常化交渉家族ら撤回要求」という見出しで、一七日夜に次のような声明が出たと報じられています。この声明は、家族会代表横田滋、全国協議会会長佐藤勝己の連名によるものです。生存者四人の原状回復を求める、死亡と発表された六人の死亡の状況をあきらかにせよと要求しながら、北朝鮮の「犯罪行為」は「絶対に許すことができない」とし、このような拉致を「相手の国家元首から告げられながら、国交正常化交渉を始めるという異常な行動はおよそ国家というに値しない行為である」と決めつけ、「このような日本国の状況に対して徹底して闘っていくことを誓うものである」と宣言しています。異常な声明です。言うまでもなく、これは佐藤氏の書いた声明でしょう。

荒木氏はこの日の自分たちの気分について「正直なところ『万事休す』と思った」と書

いています（『拉致救出運動の２０００日』四七九頁）。日朝がこれまでの不正常な関係を終わらせ、関係を正常化することで合意する、北朝鮮は拉致と工作船派遣は「不正常な関係」の時代の出来事とし、謝罪して、二度とくりさないと表明する。こうなったので、自分たちのやってきたことは終わりだと思ったのでしょう。この最初の声明は佐藤氏らの絶望感をあらわしているように見えます。

この日の『朝日新聞』の紙面には、亡命外交官高英煥《コヨンファン》、鈴木典幸（ラジオプレス）、伊豆見元、康仁徳《カンインドク》、ウエンディ・シャーマン、朱建栄氏らの意見、小牧輝夫、田中明彦、李《イ》鍾元《ジョンウォン》氏の鼎談が載りました。しかし、日本で日朝国交樹立を求めて活動している団体の意見、村山富市会長の談話などはまったく載りませんでした。

北朝鮮側でも拉致問題の承認は最後の瞬間に指導者の決断で決まったのでしょう。だから通知の文書も、当初は、非常に簡単に氏名と死亡日だけが書かれていたものでした。しかも、日本に伝えられたものは、死亡日も入ってない、ただの氏名のリストでした。そのような混乱が救う会にチャンスを与えました。九月一九日、全国協議会は単独で声明を出しました。北朝鮮が提出した「安否情報」は「まったく根拠のないものだ。日本政府はいま現在までこの情報が事実かどうか確認していない。つまり、死亡とされた八人は現在も生きている可能性が高い。それなのに、一七日、日本政府が家族に『死亡しています』と伝えたことにより、現在も生きている被害者が殺されてしまう可能性が高まっている。」これは、論理的にはまったくなりたたない暴論です。それが情報の混乱を批判するという形で、はじめて押し出されると、救う会の窮地を救う錦の御旗に仕立てられていくことになりました。

声明の後半は、自分たちの主張の根拠のように、次のようなことがあげられています。横田めぐみさんの娘と称する女性と会ったという梅本公使は写真も撮っていない。つまり本当に娘かどうかはわからない。梅本公使は死亡を確認していないことを認めている。生存した4人に会っても本人かどうか確認していない。そして、北朝鮮は表に出したくない被害者はみんな死亡したとしているのではないか。めぐみさんは運動のシンボルなので、娘と称する女性を用意して待っていたのだ。つまり、横田めぐみさんの娘として登場した人は偽物だときめつけているのです。事実、DNA鑑定の結果が出るまで、救う会はキム・ウンギョンさんは偽物だと言っていました。そして、救う会にはめぐみさんが生きているという情報が二つあると述べています。韓国情報部が「拉致された人一〇名程度が、別の収容所に移されたという情報がある」と言っている。それから、北朝鮮の亡命者Nが「八人が平壌の安山招待所で暮らしている」と言っている。いずれも韓国からの情報です。こうした二つの情報を我々は持っているが、外務省は何も持っていないではないかと言っています。しかし、こんな情報は情報の名に値いしません。

朝日新聞の九月二〇日号は、この声明について報道し、「死亡とされた八人も生きている可能性が高い」とする声明が、全国協議会と被害者家族会から出されたと書きました。でたらめな声明を大新聞が報道することによって一つの意見にしてしまっていると思います。その意見が今日に至るまで日本政府、日本全体を支配していくことになるのです。

死亡年月日の入ったリストが遅れたということがあり、それがいつ出されたのかということについて、安倍官房副長官が記者会見するということがありました。「自分は、平壌でそのリストが配られた時、その場にいなかったので自分はそのリストは受け取っていない。そのリストは、日本には報告されていない」という安倍氏の声明は外務省が頼りないという印象を強めることになりました。

外務省は被害者家族との連絡のための窓口を外務省内につくろうとしましたが、家族会は反発し、安倍副長官のもとで官邸に連絡窓口がつくられることになりました。先のウズベキスタン大使であった元大蔵官僚の中山恭子氏が内閣官房参与に任じられ、窓口になりました。外務省の敗北です。

外務省は、九月二八日から一〇月一日にかけて、斎木昭隆アジア大洋州局参事官を団長とする事実調査チームを北朝鮮に派遣し、結果を報告書として提出しました。横田めぐみさんが、九三年三月一三日に平壌の病院でうつ病で自殺したと伝えられたこと、石岡亨氏と有本恵子さんの死については、いろいろな問題点・疑問点が出てきていると、追及がなされています。

7　右翼メディアは首相と外務省を批判した

週刊誌は極論一色でした。頭から小泉首相の訪朝に反対する姿勢でした。九月一六日号の『AERA』は、日朝交渉のキーマン田中均局長を取り上げ、「小泉と利害一致の『冒険』」、と決めつけました。一九日の『週刊新潮』は、「今からでも遅くない、『訪朝』はドタキャンせよ」という特集を組みました。一九日の『週刊文春』も「愚かなり小泉訪朝」を特集しています。二一日の『週刊現代』は、「小泉、平壌に死す！」という文章を載せています。わけのわからないものです。

日が経つと、週刊誌の攻撃的・嘲笑的姿勢はますます強まりました。二六日の『週刊ポスト』は、「小泉首相『訪朝』の全内幕」という特集を組み、「歴史に残る大愚行、小泉・金正日会談、私はこう見た」と書き立てました。同二六日の『週刊文春』も「痛恨首脳会

談　笑顔の金正日に騙されるな」と特集を組み、「八人を殺したのは、金正日、あなただ」という文章を載せています。

小泉首相はこの間、沈黙を守っていました。平壌で記者会見をしてからは、沈黙したまま帰国して、「平壌宣言に基づいて、日朝国交樹立に向けて前進する」自らの決意を国民に説明するということをしませんでした。一九日に内閣記者会のインタビューに応じた時も、日朝関係についてはわずかに話しただけでした。二〇日の衆議院外務委員会では、川口外相と田中局長が議員たちの質問を受けて、調子の低い答弁に終始しました。首相が被害者家族と面会したのは、帰国十日後の九月二七日のことでした。そこで小泉首相は、「拉致問題の解決なしに日朝間の国交正常化はありえない」と述べ、「拉致問題解明を最優先にして取り組んでいきたい」と説明しました。完全に押し込まれた状態でした。

週刊誌の中では、田中氏と小泉首相を攻撃した『週刊文春』の一〇月三日号が代表的でした。まず、グラビアが「嘘で固めた小泉訪朝」という共通テーマの写真を並べ、冒頭に「外務省田中均局長殿、拉致家族の目を見て真実が話せますか」という大キャプション付で田中氏の半身像を載せています。次いで小泉首相の肖像を載せ、やはり目を逸らしている小泉首相に「どうしてもっと早くに謝罪しないのか」とキャプションをつけています。本文の記事「八人を見殺しにした政治家・官僚・言論人――一死以て大罪を謝せ」は、外務省の阿南・槇田局長、自民党の金丸・加藤・野中・中山正暉氏、民主党の菅直人・石井一・鳩山由紀夫、社民党の土井たか子、それに和田春樹らを非難しました。私たちは「痛恨会談のA級戦犯たち」とレッテルをはられています。これがこの一派の「戦犯」名簿の原型となりました。

一〇月はじめには、右派の月刊誌の一一月号が一層乱暴なキャンペーンを展開しました。『諸君！』は、「テロ国家に舐められてたまるか」という特集を組み、五本の対談、論文を載せました。平沢勝栄氏は、「国賊外務官僚田中均の暴走」という文章を載せました。石原慎太郎東京都知事と西村眞悟衆議院議員は対談を行い、西村議員は「拉致問題に不熱心だ」と外務省の阿南・槇田局長の名前を挙げ、石原都知事は「まともな義士の居た昔なら、こんな売国奴は殺されているな」と言い切っています。また、「金正日は許せない、できるなら仇を討ってあげたい」と西村議員が言うと、石原都知事は「同感だよ、仇を討つというのは大切なことなのだよ」と応じています。石原都知事は、すでに九月に建国義勇軍国賊征伐隊を名乗る団体が、田中均氏の自宅ガレージに爆発物を仕掛けた時に、「当たり前のことだと思う」と発言しています。

『文藝春秋』は「非道なる独裁者」という特集を組み、一二五ページを費やし七本の論文を載せています。ここには、「救う会」の西岡力氏の「死亡4人に確実な生存情報」、関川夏央氏の「金王朝54年の罪業」、石井英夫氏の「親朝派知識人　無反省妄言録」などがあります。石井氏の文章は、『週刊文春』一〇月三日号のくりかえしです。同じリストは『正論』一二月号の柿谷勲夫「〃永久保存版〃『媚朝』家たちの北朝鮮礼賛・迎合発言集」にもあらわれました。どの記事にも私の名前があげられ、侮辱がくわえられました。

8　その後の展開

一〇月三日から五日、ケリー国務次官補が平壌を訪問し、ウラニュウム濃縮プログラムについて北朝鮮政府を問い詰めたところ、北朝鮮側はその存在を認めたという話を持ち帰り、韓国・日本に伝えて帰国しました。「北朝鮮は核開発をやっている」ということです。ついにアメリカ政府の日本政府に対する圧力、日朝交渉に対する公然たる反対行動がはじまったのです。

このとき、外務省総合外交政策局長・谷内正太郎氏が内閣官房副長官補になりました。内閣の中で官僚との接合を図るという役割のポストです。谷内氏は外務省では田中氏と同期ですが、この時、安倍官房副長官と近い位置に立ちました。

救う会は、米国のこうした行動を受けて、米朝対立に不安を覚えるという理由で「国交交渉の再開までに、ともかく生存者を帰国させてもらいたい」という主張を表明しました。そこで田中均氏は北朝鮮側と交渉を行い、「生存者の一時帰国」ということで北朝鮮の同意をとりつけました。一〇月一五日に五人が帰国しました。佐藤勝己氏は『読売新聞』に金正日が五人を返してくる日がくるとは信じられなかったと書きました。この帰国は、子どもたちを平壌に残していたので、一時帰国という約束があったことは疑いありません。しかし、家族の強い意志、さらには本人からも平壌には戻らないという表明があり、救う会や安倍副長官、中山官房参与、谷内官房副長官補らが動いて、一〇月二四日、政府は「五人を平壌に戻さない」と発表しました。これによって、北朝鮮との信頼関係が壊されることになってしまいます。一一月一二日、衆議院外務委員会で、問い詰められた田中氏は、「北朝鮮側は、永住帰国あるいは一時帰国ということについて便宜を図ります」と言った、「それが約束だと思います」、政府は「滞在期間を一、二週間とすることで調整をした」というだけで、帰国させると約束したことは認めませんでした。

それより先、一〇月二九日に、クアラルンプールで開かれた第一二回国交交渉会談はさんざんなものになっていました。北朝鮮側は、五人を平壌に戻すことを要求し、日本側は五人の家族の引渡しを要求して、対立しました。北朝鮮側は平壌宣言にしたがって、国交正常化と経済協力から交渉することを求めましたが、日本側は拉致問題と核問題が先議されなければならないと主張しました。結局、北朝鮮側が次回の日程をきめることを提案したのに日本側は回答せず、そのまま終了してしまったのです。こうして、平壌宣言であれだけの前進をなしとげたのにもかかわらず、国交交渉はたった一回で決裂してしまい、国交交渉への道は阻止されてしまったのでした。

これは、まさに佐藤勝己氏の方針が貫徹された結果でした。これにたいして日朝国交を実現することを願っていた勢力の動きはあまりに弱体であったと思います。日朝国交促進国民協会の事務局長であった私は、モスクワ大学での講義の依頼を受けて、八月三〇日からモスクワに滞在していました。首脳会談の結果はすぐに知りましたが、どうにもできません。朝日新聞の記者が電話をしてくれて、言いたいことがあれば、学芸欄に載せてくれるというので、今後の展開への希望をのべた一文を草しただけでした（一〇月七日の夕刊に掲載された）。

帰国したのは、九月二八日のことでしたから、日朝国交促進国民協会は肝心の時に何もできなかったのです。首脳会談と日朝平壌宣言を支持する声明を出して、福田官房長官のもとへ届けたのが、五人が帰国した一〇月一五日その日でした。私たちは事態の推移を茫然と見守るほかありませんでした。

Ⅲ　再度の首脳会談も空しく終わった

1　二〇〇二年末の安倍官房副長官と救う会

二〇〇二年末、対北朝鮮政策を主導しているのは、安倍官房副長官でした。日朝交渉は完全に中断に追い込まれているわけで、これは安倍氏にとっては、勝利であったかもしれませんが、しかし五人の被害者を日本に帰して、その家族が平壌に残っているという状態は、安倍氏にも重くのし掛かっていました。安倍氏もこれに対して何とかしなくてはならなくなっていました。しかし、安倍氏は強気の発言を繰り返しました。当時二〇〇二年の暮れに盛んに言っていたのは、「日本には石油もあるし、食糧もある。そういうものがなくて、冬を越せないのは北朝鮮である。だから遠からず北朝鮮は折れてくる」ということでした。

自民党内では一二月一三日、「対北朝鮮外交カードを考える会」がスタートしました。集まったのは河野太郎、菅義偉、山本一太氏ら六人でした。菅氏は一九九一年度の安倍・中川両氏の「若手議員の会」のメンバーでした。この人々は、我が国の平和および安全の維持に必要な政府の決定で外国送金貿易を制限できる「外国為替外国貿易法改正案」をまとめようとしていました。すなわち、北朝鮮に対する送金・貿易を政府の決定によりストップするという狙いです。

田中均氏は、五人を一時帰国をさせるにあたって五人を帰すことを約束していたにも関わらず、国会で「そういった約束はしていない」と発言したことによって、北朝鮮との信頼が消えました。それでしばらくは身動きが取れない状態だったわけですが、二〇〇二年の一二月、田中均氏は外務審議官に昇進しました。田中氏の後任でアジア大洋州局長になったのは、薮中三十二氏でした。

二〇〇二年末には、現代コリア・グループは勝ち誇っていました。自分たちの政治主張を公然と開陳するようになりました。一二月一日、佐藤勝己氏は『拉致家族「金正日との戦い」全軌跡』（小学館文庫）を出版しました。佐藤氏は、拉致被害者家族と一体となって書いたというこの本で、「金正日体制の打倒を目指そう」と呼び掛けました。

「今の北朝鮮に経済援助をして、何とか目先の安定を図ろうなどということは、なんとも愚かしいことだ。むしろ、金正日体制を倒すことに全力をあげるべきだ。倒せば、……拉致された人々すべてを無事に救出できる状況ができてくる。私は、日本も韓国もメッセージを次々と発すべきだと考える。向こうは金欲しさに拉致を認めたわけだから、こちらはハードルをどんどん上げていく。上げていくと内部矛盾が起きる。それが金正日体制打倒、東アジアからテロ国家が消滅することにつながっていく。」

ハードルを上げるというのは、佐藤氏の説明によれば、「拉致被害者の一時帰国が実現したのだから、次は家族全員の帰国をすぐ認めろと要求していく」というふうにやることです。内部矛盾が起きるとは、さらなる譲歩に追い込まれる金正日に対して北朝鮮の国民、軍が怒り、内戦や暗殺になるということであり、そうなると、戦争になるかもしれないが、その時は米軍に頼ればいいと説明しています。

佐藤氏は最後に「救う会」の方針を、次のように整理し直しています。「『救う会』は、今後も被拉致者全員の帰国を目指して活動を続けていく。日朝交渉の停滞によっては、拉致事件の解明は停滞するかに見えるかもしれないが、金正日政権が存在する限り、拉致の解決は困難であり、金正日政権の崩壊が絶対必要条件である。」

一二月二四日に開催された「救う会」の特別研修会でも、佐藤氏は基調講演を行い、明確に言い切りました。

「政治、外交とは、北朝鮮のあの軍事独裁政権を内部から崩壊させる工作をすることです。政治的・外交的に圧力をかけ、さらに内部工作を行えば、内部矛盾が拡大して、金正日政権が崩壊すれば、拉致の問題も、軍事的脅威も、一挙に解決します。このことはもうわかりきっているのですから、後は、これを実行する勇気があるかないか、後はそれだけです。これを，ぜひともわが国の政府に期待をいたしたい。」

西岡力副会長も「金正日政権の存続と拉致問題解決は両立しないのです。なぜなら、拉致の責任は金正日であり、拉致の目的は金正日の命令してきたテロだからです。」『したがって、私たちの戦いはあの政権そのものとの戦いなのだ」と述べています。

佐藤氏は、自分の考えを国会でも明瞭に述べました。一二月一〇日、衆議院安全保障委員会で自民党の推薦で参考人として意見陳述しました。私は社会党の推薦で呼ばれていましたので、目の前で佐藤氏が陳述する様子を見ていました。

「私は、現在の金正日政権を個人独裁ファッショ政権というふうに理解をいたしております」と話し始めた佐藤氏は、「この政権は、話し合いの対象ではなく、あらゆる方法で早く倒さなければならない政権だと考えております」と結びました。「金正日政権を打倒する最善の方法は何か」という質問に対しては、「万景峰号の入港の規制だ」と述べました。「この船により人と金とモノと情報が動いているので、この船の入港の規制をされますと、総連中央幹部の表現をもってすれば、北朝鮮の政権は三カ月ともたないだろう」と言い切りました。「拉致問題の解決とは何か」という質問に対しては、「一〇〇名近い人たちが……北朝鮮に拉致されている。これが全員日本に帰ってくることだ。そして、実行犯の処罰と損害賠償である。その解決は金正日政権には期待できない。期待するのは幻想だ」と述べました。つまり、そこまでハードルをあげれば、金正日政権は倒れるというのでしょう。

私は、呆気に取られました。万景峰号をとめれば、北朝鮮の体制は三カ月でつぶれるというのも愚かなたわごとと聞こえましたが、一〇〇人以上いる拉致被害者を生きて帰せと言い続ければ、金正日政権を倒せるというのも暴論以外のなにものでもありません。日朝国交正常化を目指した勢力が日朝首脳会談、拉致問題の回答、日朝平壌宣言を獲得しながらも、拉致問題を政治利用し、国交正常化に反対する勢力に完敗した結果、このようなおそるべき政治的見解が国会を制し、政府を抑えているわけです。

年があけて、この勢力が大々的に出版したのが、自分たちの切り札、脱北工作員安明進の証言『横田めぐみは生きている』（講談社ムック）でした。安明進は横田夫妻と二〇〇三年一月に対談して、「横田めぐみさんは金正日一族の日本語教師として生きている」と証言したのです。金正日も八〇年代に拉致されてきた日本人女性から日本語を習ったことがあったが、「息子の金正男か、その兄弟」が日本人女性から日本語を習いたいと言い出したので、金正日が候補者の写真をみて、「一番若くてきれいな」横田めぐみさんを選んだというのです。「息子が親しくしているめぐみさんを殺すことはできないはずです」と安は語っています。

これはこの人が思いついた最高の嘘言でした。救う会がその嘘をこれから日本中に広めていくのです。

2　イラク戦争の中で

二〇〇三年一月には、北朝鮮はＮＰＴ脱退を宣言します。しかし、まだ核兵器を生産するつもりはない、現段階での核活動は原子力発電に限ると述べていました。

三月には、ブッシュ大統領がイラク戦争を開始します。小泉首相は直ちにこの戦争を支持すると発言します。五月には小泉首相は訪米し、ブッシュ大統領と会談することになります。平壌会談を説明して、了解をえなければなりません。またイラク戦争への支援をどうするつもりか、説明しなければなりません。これは非常に選択をせまられる訪米だったわけです。同行したのが安倍晋三氏と田中均氏です。二人は飛行機の中で、北朝鮮に対して「圧力」という言葉を使用するかどうかをめぐって論争していました。田中均氏は、「圧力」という言葉を使うべきではないと主張し、安倍氏は断固「圧力」という言葉を使用すべきだと主張しました。五月二三日に小泉首相はテキサス州のブッシュ氏の牧場で首脳会談にのぞんだのですが、その時でも小泉氏がどのように言うのかが決まっていませんでした。文章の中で、「対話と圧力」という言葉を入れるようになっていましたが、小泉首相がなかなか「対話と圧力」という言葉を言わないので、安倍氏が原稿の該当部分にサインをして小泉氏に見せた、ということが読売新聞の本に載っています。安倍氏と田中均氏は、帰国後に会談の結果をどのように発表するかについても激しく論争したようです。

しかし、このときは、北朝鮮を完全に突き放すことはできないということになり、中国、アメリカが協調し、二〇〇三年八月には六者協議が始まることになりました。これは、小泉氏と田中均氏が平壌宣言において提案したことが、中国の努力もあって実現したということでした。

ところが六者協議が始まった直後に、自民党の山崎拓幹事長の女性スキャンダルが発覚しました。すると、小泉氏は安倍氏を自民党幹事長に抜擢します。これが安倍氏上昇の決定的なステップとなりました。一〇月七日、安倍新幹事長は自民党内に「北朝鮮による拉致問題対策本部」を設置し、自分がその本部長に就任しました。政府は、「対話と圧力」という姿勢である、どういう圧力の選択肢があるのか、党として検討したいということでした。「外為・外国貿易法改正案」の議員立法に取り組む姿勢が示されました。一一月二一日、安倍氏は横田滋家族会代表に面会し、「外為・外国貿易法改正案」を次期国会に提出すると宣言しました。さらに万景峰号を止めるための「特定船舶入港禁止法案」の検討も始める、という状況でした。

このような状況になったことで、北朝鮮側もなんとかしなくてはならない、突っぱねているだけでは危ない、ということになって、再び北朝鮮から日本への働きかけがやってきます。それは、ジャーナリストの若宮清氏を通し、拉致議連事務局長、平沢勝栄氏のもとへ届きます。平沢氏は安倍氏の家庭教師をしていたことでも有名で、拉致問題には強硬な意見の持ち主で、私(和田春樹)のことを「拉致は存在しないと言った東大不名誉教授」と罵った人です。しかし、平沢氏も政治家ですから、そういったメッセージが北からくれば、突き放すわけにはいかないということになりました。なにせ外務第一次官の美錫柱の側近という人が、会いたいと言ってきているわけです。平沢氏は応じることにしました。これは、明らかにこの段階で平沢氏は安倍氏と相談していると思われます。

そして、平沢氏は民主党内の拉致問題専門家松原仁氏、全国協議会副会長西岡力氏の二人を連れて北京での秘密会談に向かいました。一二月二〇日、彼らは鄭泰和《チョンテファ》・宋日昊《ソンイルホ》、北朝鮮側の政府代表と会談します。その日の会談はもの別れに終わるのですが、翌日、平沢氏と宋氏が二者会談を行い、読売新聞によると、宋氏は「五人をひとまず平壌に帰せば、次は家族と一緒に日本に帰す」という案を出したようですが、平沢氏はこれを受け入れませんでした。

一方で、外務省の田中均氏も北朝鮮と秘密裏に接触していました。二〇〇四年二月一一日、田中均氏と薮中氏が平壌へ向かいました。ところが、その直前二月九日に民主党も賛成し、「改正外為・外国貿易法」が国会を通過しました。北朝鮮も二月一〇日に六者協議への参加を無期限で中断すると表明しました。こうした状況でしたから、田中氏らが平壌に入っても散々な状況だったということでした。しかし、そこで田中氏は「家族を受け取りに政府の高官を平壌に送る用意がある」と表明したようです。外務省は当然、官房副長官レベルの人を考えていたようです。当時の官房副長官は細田博之氏と山崎正昭氏でした。

田中氏らが帰国し、話がつきそうにないという結果をもって帰ってきた直後に、北朝鮮は上述の若宮氏を通じて平沢氏に連絡をしてきました。「今度は、大物政治家を連れてきてほしい」ということだったようです。

一方で、六者協議が二月下旬に無事に開かれることとなりました。薮中氏はその席で金《キム》桂冠《ケグワン》という北朝鮮代表と拉致問題について話をしたようですが、特に話は進みませんでした。平沢氏は対応を検討して、大物政治家といえば、やはり山崎拓前幹事長がいいだろうということになり、山崎拓氏と平沢氏が一緒に行くことになりました。山崎拓氏も田中均氏と会って話をし、北朝鮮との交渉に前向きでした。おそらく、田中均氏が平壌で政府高官を送るといった話も聞いたと思われます。四月一日、山崎拓氏と平沢氏は、再び鄭泰和・宋日昊両氏と大連で会談しました。山崎拓氏が「日本政府の責任ある者が迎えに行くということでどうか」と聞くと、北朝鮮側は「日朝平壌宣言を守り、いずれ必ず国交正常化をするという（小泉）首相本人のメッセージがほしい、それが守られれば八人は帰す」と答えたということです。山崎拓・平沢両氏は、希望をもって帰ってきました。

このあたりで、平沢氏がやっていたことが「救う会」に知れてしまい、激しい抗議を受けることになります。それで、平沢氏は「拉致議連」の事務局長を辞めることになりました。この時、日朝の間にはもう一つのルートが浮かんでいました。それが首相秘書官の飯島勲氏です。飯島氏は二〇〇二年の小泉訪朝には同行していませんでした。それで自分もなんらかの役割を演じたいということで、張り切っていました。飯島氏は朝鮮総連と相談し、「小泉氏が再訪朝するのはどうか」という話をしました。これが、朝鮮総連から本国に伝わり、

「小泉氏が来るなら文句ないだろう」ということになり、小泉氏にも話が通り、小泉氏はやる気になります。

　四月二八日、小泉氏は福田官房長官と田中均氏を呼び、「自分が訪朝して家族を連れて帰ることができるという話がある、飯島の案を検討せよ」と命じました。それで、二人は驚きます。「一体何なのだ、外交をあっちこっちでいろいろな人がやっていて」ということで、福田官房長官は「自分を信頼していないのか」と非常に怒り、五月七日には官房長官を辞任してしまいます。

　田中均氏は官僚ですから辞任するわけにもいきませんので、小泉氏の意志に従って、五月四日、北京で鄭泰和・宋日昊両氏と会って、事前の協議を行いました。田中均氏たちは、「安否不明者の徹底調査が必要だ。これがなければ国交正常化交渉は妥結できない。経済協力も行わない」と主張したようです。北朝鮮側は、この時はコメ支援のことを持ち出しただけだったと言われています。読売新聞によると、北朝鮮は一〇〇万トンのコメ支援を要求したが、田中均氏は「一〇万トンしかできない」と答えたそうです。田中均氏も散々にやられていますから、こう言ったということです。

　四月の末（二二日）、平壌と新義州の間の鉄道駅、龍川《ヨンチョン》でタンク車が爆発して死者一五〇人、負傷者一三〇〇人という大変な事故が起こりました。日本政府は、国連を通じて医薬品一一〇〇万円を送りました。私たちも民間の募金六三八万円を集め、私が団長になり五月の末に平壌へもって行きました。北朝鮮側は非常に喜んで、私たちにバスで平壌から新義州まで、北朝鮮を縦断する旅行を許して、龍川と新義州の病院を見舞うことを許しました。もっともこれは、小泉氏が再訪朝した後の話です。

3　小泉首相の再訪朝

小泉首相は、二〇〇四年五月二二日に再訪朝しました。帰国した五人の家族を引き取る交渉のために首相が行くことになったのですが、羽田空港で「現在の日本と北朝鮮の敵対関係を友好関係にしていくということ、対立関係を協力関係にする大きな契機にしたいと思っている」と決意を示して、出発しました。小泉氏に同行したのは山崎正昭官房副長官です。

この時の平壌での小泉・金正日会談も一日だけのものでした。外務省で作成した会談の記録は今日まで発表されていません。ところが、NHKスペシャルの「秘録日朝交渉」という番組（二〇〇九年一一月八日放送）にリークされました。誰がこの記録をリークしたのかは謎ですが、私は番組に出演していた安倍氏ではないかと思っています。私はこのテレビ番組からこの会話記録を書きとめ、私の『北朝鮮現代史』（岩波新書）に収めました。

それによると、会談の冒頭に、金正日氏は次のようにホンネを吐露しました。「私から少し心配なことを申し上げたい。今回、会談で決まったことが、その後で覆るようなことがあると私は総理の相手役として演劇に出演したことになり、後には何もいいことは残らないようなことになってしまう。我々は前回、勇敢に措置を取ったので、拉致問題はそれで終わると思っていた。しかしながら、総理が帰国された途端、複雑な問題が起こり我々は失望した。民主社会においても首班の権限はあると思っていたが、政府首班としての総理の権限がこのように簡単に崩れるかと思うと、失望せざるを得なかった。」

こういった言葉がＮＨＫにリークされました。これは、小泉氏を辱めるものになっています。北朝鮮の側もこのリークに対して怒っています。金正日は、最初の首脳会談で国交正常化になると思っていたので、がっかりしたと言ったのでしょう。

これに対して小泉首相がどう答えたのかはＮＨＫは紹介していませんが、小泉氏は謝罪をして「心配しないでほしい。今度はしっかりやって国交正常化に向け、進むつもりだ、そういう決意だ」というようなことを言ったに違いありません。そう言わなければ、帰国者の家族を返してもらえないと首相も考えていたでしょうから。そして、金正日委員長もそれを信じるということになったのです。ここはNHKは隠してしまいました。

首相が求めたのは、北朝鮮が死亡していると回答した八人と入境していないと回答した二人の再調査と、帰国した五人の家族の日本への渡航です。金正日はそれを認めて、「そういうことなら、八人については白紙に戻して再調査する。蓮池家と地村家の子どもたち五人は直ちに渡して、総理と一緒に帰国してよい」と回答しました。曽我ひとみさんの夫、ジェンキンス氏はアメリカ軍人で、当人も日本への渡航をのぞんでいない。ですから、「曽我さんの夫と子ども達三人については、第三国でひとみさんと面会するのがいいのではないか、それも認めましょう。」と言ったようです。これに対し、小泉首相は感謝して、食糧援助を二五万トン、医療品の援助を行う旨を約束しました。会談後の記者会見で小泉首相は、「平壌宣言の重要性を再認識する。お互いの信頼を醸成していく環境を整えていくことで合意をみた」と語りました。朝日新聞は、二三日の朝刊で「日朝正常化交渉、再開へ」と見出しをつけました。

会談の残りの部分で小泉氏は、北の核開発について率直に意見をぶつけ、核開発をやめるよう求めました。それに対し、金正日委員長は北朝鮮の核武装の意図について明確に語りました。「本日、総理に申しあげたいのは、我々が核を持っても何も利益はないということや、アメリカは傲慢無礼にも我々を先制攻撃するための方法はテーブルの上に置かれているとしている。これでは我々は気分が悪くなるばかりである。相手が棒で殴ると言っているのに黙ってはいられないのである。我々の生存権のために核を持つようになったのである。生存権が保障されるのであれば、核は無用の長物である。」

金正日は、アメリカのイラク戦争によりサダム・フセイン政権が打倒されたことに恐怖を感じたことを隠しませんでした。アメリカは自分たちのしていることを棚に上げ、先に核攻撃をしようとしているが言語道断である。核の完全放棄は敗戦国に対して強要するものだ。しかし、我々はアメリカの敗戦国ではない。これは、イラクのように無条件に武装解除しようとするものであり、受け入れられない。アメリカが核兵器をもって叩くというのであれば、ただ手をこまねいて待っているだけであれば、結局イラクのようになってしまう。しかし、この時も金正日はアメリカとの対話を望みました。

金正日委員長は、「我々は六者協議を通じて、アメリカとの二重唱を歌いたいと考えている。我々は喉が枯れるまでアメリカと歌を歌う考えである。その成功のために、周辺国によるオーケストラでの伴奏をお願いしたい。伴奏が素晴らしければ、二重唱は一層よくなる。」このように言っています。

この会談録の言葉は、金正日委員長が小泉首相だけに語った言葉ですが、それは日本国民や世界の人たちにも伝えられるべき言葉ではなかったかと思います。しかし、今日まで一切が隠されています。

4　家族会は小泉首相をつるしあげる

小泉首相は、蓮池・地村家の子供たち五人を連れて帰国しました。東京で首相を待っていたのは、五人の被害者及び「救う会」、「家族会」でした。ホテルで会談がありました。小泉首相は、「日朝間の非正常な関係を正常な関係に、敵対関係を友好関係に、対立関係を協力関係に変えることが、両国の国益にかなう」という決意を重ねて説明したようです。これに対して、増元照明氏は、あなたに「解決能力がないのなら、次の政権トップにやってもらうしかない」と罵倒しました。横田卓也氏は、「過去に出した一五〇の質問に、何の回答もない国から再調査をすると言われて意味があるのか。なぜ、午前早々に会談を打ち切り帰国したのか、理解できない」と非難しました。横田早紀江さんさえも「もっと対決してきてほしかった。あんなに短い時間で総理が怒りの声をあげてくれたとは思えない」と批判しました（『朝日新聞』5月23日）。明らかに、被害者家族たちは思い上がった態度で、小泉首相を追及し罵倒したと思われます。

テレビの中継を見ていた国民は、さすがに怒りました。「家族会」や「救う会」に非難が殺到しました。しかし、これとは別に拉致三団体は記者会見をし、横田滋家族会会長は、「小泉首相の訪朝は最悪の結果となった」「北の実利だけが通ったということで落胆している」と述べました。平沼赳夫拉致議連会長は、「いかに正常化が前提であっても、経済制裁をしないというカードをすでに切ってしまった」のは間違いだ、正常化が前提であれば、制裁法案を成立させておいて、のぞましい流れにならなければ制裁法を発動させることが合目的的だと述べました。むしろ救う会全国協議会副会長の西岡力氏の態度が、控え目であった感じでした。

世論調査では、小泉氏の訪朝を「評価する」が六七％に達しました。「評価しない」は三一％でした。内閣支持率は五四％に上がりました。つまり、小泉氏がやる気を出してしっかりとした態度を取ったので、国民はこれを支持するということになったのです。

小泉首相は東京に戻った後、朝鮮総連を訪問しています。彼なりの誠意を尽くそうと考えていたようです。六月八日に訪米し、ブッシュ大統領と首脳会談を行い、平壌訪問を報告しました。そして、自衛隊がイラク多国籍軍に事実上参加するということを表明しています。一方、安倍幹事長は仕事を進め、六月一四日には「特定船舶入港禁止法案」が国会を通過することになり、万景峰号の入港が禁止されることになりました。

会談の後の措置として七月九日、曽我ひとみさんの家族がインドネシアに出国し、曽我ひとみさんとの再会が実現しました。中山恭子内閣官房参与が付き添っています。七月一八日には、ジェンキンス氏一行は日本に向かって出発し、そのまま日本に永住することになりました。九月一一日、ジェンキンス氏は米軍の軍法会議に出頭し、求められた供述を行い、裁判の結果一一月二七日に釈放されました。彼は、記者会見を開き「亡命後の北朝鮮での生活は犬の生活であった、散々な惨めな生活であった」ということを述べました。北朝鮮側は、ジェンキンス一行の日本永住を認め、ジェンキンス氏の行動についても何一つ言いませんでした。

5　藪中局長の平壌交渉

藪中局長は八月から実務協議を開始し、金正日が白紙に戻し再調査すると言った約束の履行を求めていました。ついに一一月九日から一四日に、平壌で第三回実務協議を行い、再調査の結果説明と資料の提供を受けました。ここでの北朝鮮の結果報告は文書になっていません。後に一二月二四日に日本政府が発表した「安否不明の拉致不明者に関する再調査、北朝鮮から提出された情報・物証の精査結果」というものの中で分析されています。

まず初めに、北朝鮮側は「八人死亡、二人は入境せず」という基本的な判断は、再調査したけれども変わりがない、結局「八人は死亡している。二人の入境は認められない」と回答しました。その点を細かく調べようとしても、資料が残っていない、一九九一年に秘密機関の極秘文書は破棄してしまった、というのです。残っていた資料として、横田めぐみさんのカルテを渡す、その他、何人か交通事故で死亡した人の記録が渡されました。

日本側は、横田さんの朝鮮人の元夫（当時はキム・チョルジュという名前で知られていた人）との面会を求めました。この人については、外務省では蓮池薫氏たちから話を聞いて、似顔絵を作って持ってきて、本人かどうかを確かめようとしました。会ってみたところ、キム・チョルジュ氏が横田めぐみさんの元夫であることが確認されたということです。二回面会して、計二時間、話を聞いたということですが、記録は一切公表されていません。キム・チョルジュ氏は「自分は秘密機関の人間だから、写真はとらないでくれ、ＤＮＡ鑑定用の資料も出せない。そして、横田めぐみさん、キム・ヘギョンさん、自分とで三人一緒に撮った写真もこの場限りにしてすぐに回収する」と複写も許さないという態度を取ったとのことです。これは、奇怪な態度だと思います。

藪中局長は、キム・チョルジュ氏の話には矛盾がないと考えたようです。しかし、キム・

チョルジュ氏が「友人三人と横田めぐみさんの骨を掘り出して火葬にした。その骨を自分は持っている」と言ったのはおかしな話だと思います。そもそも横田めぐみさんが自殺したと言われる病院がどこにあるのかも、あやしく、葬られた場所が簡単にわかるのかも疑問です。キム・チョルジュ氏が骨を掘り出したといっても、個人がそう言っているだけで北朝鮮政府にオーソライズされている話ではありません。それなのに薮中氏は、「遺骨をもらいたい、渡してくれないか」と頼みこみ、「これは世間には公表しない、両親にだけこれを渡すから」と約束して、骨を受け取ったというのです。そんなあやふやな形で遺骨なるものをもらってくる薮中氏は軽率にすぎると思います。薮中氏は、回想録（『国家の命運』新潮選書、二〇一〇年）にはこのことを一切書いていません。

北朝鮮側が渡したカルテは、日本側で精査したところ、本人のものかどうかわからないが、一九七九年六月から一九九三年九月の分まで記載があることは確かだということです。横田さんのカルテだとすれば、拉致された一年半後から死んだとされる一九九四年四月の半年前までのカルテということになります。しかし、もらってきたこのカルテから何が読み取れるのかを日本政府は公表しませんでした。

6　横田めぐみさんの遺骨問題

最大の問題となったのは、横田めぐみさんの遺骨でした。もらってきた骨は非常に高温で焼かれた骨でした。一般に日本では火葬していた場合にはＤＮＡ鑑定は不可能であると思われています。火葬している骨を持ち帰った場合、ＤＮＡ鑑定ができない可能性が高いのですから、本人のものとも本人のものでないとも証明できないのです。本物でないという鑑定が出れば、交渉はアウトになってしまいかねないのですが、どうせ鑑定はできないのだから、めぐみさんのものと言われる骨を持って帰って、決着をつけたいと藪中氏は考えたのでしょうか。

骨は警察に引き渡され、科学警察研究所と帝京大学のチームがＤＮＡ鑑定を行うことになりました。検査したらＤＮＡが出そうな状態にある骨を十片選んで、五片を科警研に渡し、五片を帝京大学に渡した、科警研に渡した五片からはＤＮＡは出ないという答えでしたが、帝京大学に渡したものからはＤＮＡが検出されたとのことです。政府の精査報告によれば、四個の骨片から同一のＤＮＡが、他の一個の骨片から別のＤＮＡが検出されたが、いずれも横田めぐみさんのＤＮＡとは異なっているという鑑定結果だとあります。そこから、この骨は別人のものだという認定がなされたのかどうかは、はっきりしません。帝京大学の鑑定書は日本では公表されていないのです。

『朝日新聞』によれば、二〇〇四年一二月八日、細田官房長官は記者会見を開き、「主として帝京大法医学研究室でのDNA鑑定の結果だが、横田めぐみさんのものではないという結論が出た。どのようにサンプルをとっても横田さんのものとみられるものはなかった。他人のものだ」と述べたようです。おなじとき、新潟県警も記者会見を行いました。こちらからは、検出されたDNAは横田めぐみさんのDNAと異なっていたという情報が出され、県警の三木邦彦警備局長は「国内最高レベルの研究機関の鑑定なので、めぐみさんとは別人とみて間違いない」と述べたようです。きわめてあいまいな発表だといわざるをえません。帝京大学の鑑定では、検出されたDNAは横田さんのものではなかったと述べられているとして、そこからこの骨が他人の骨だと結論を出したのは、官房長官と県警警備局長であるようです。そのようなことは通りません。

外務省は北京の大使館を通じて電話で抗議し、説明を求めたというので、奇妙です。北朝鮮が一二月一四日外務省のスポークスマンの談話で、反撃してきたので、日本側から帝京大学の鑑定書を送ることになったようです。これが「国内最高水準の研究機関による客観的で、正確な検査結果である」と主張したようです。

北朝鮮側は翌二〇〇五年一月二四日朝鮮中央通信の備忘録という形で詳細な反論を発表

しました。ＤＮＡ鑑定についての専門的知識を有する人の鋭い分析です。一二〇〇度で焼かれた骨からＤＮＡを検出したということは信じられないとし、かつミトコンドリアＤＮＡに対する分析で三つの骨片から三つ以上の塩基配列を検出したとするなら、遺骨は三人以上の人のものだということになってしまうと主張し、遺骨が汚染された可能性を指摘しています。

この論争は、世界の注目をひきました。イギリスの雑誌『ネイチャー』の二月三日号にはシラノフスキー記者の記事が載りました。記者は帝京大学で鑑定をおこなった吉井富夫講師に取材し、ネステッドＰＣＲ法をもちいて、不可能と思われていた焼いた骨からＤＮＡを検出できたが、焼いた骨の鑑定ははじめてで、骨が汚染されている可能性も否定できない、自分の使った骨片は残っていないので、追試はできないという談話を得て、紹介しています。この記事については、民主党の首藤信彦議員が二月二三日衆議院外務委員会において質問しています。町村外務大臣の答弁は問題のあるものでした。

要するに、ＤＮＡの鑑定をめぐって争いが起こったのです。吉井氏は恩師の石山昱夫教授と共同で書いた『ＤＮＡ鑑定入門』（南山堂、一九九八年）では「ＤＮＡ鑑定の際に資料を保管していないような事例では、そのＤＮＡ鑑定結果を排除するくらいの厳しさが必要である」と書いていています。当然、政府は吉井氏を公開の場に出して、議論をさせるべきでしたが、早々に彼を警視庁の部局に引き抜き、外部と遮断してしまいました。

7　日本政府の最終判断

話を二〇〇四年末にもどします。日本政府は一二月二四日、北朝鮮からの情報を精査した結果を発表しました。「安否不明の拉致被害者に関する再調査」という文書です。横田めぐみさんの骨と同時に、松木薫さんの骨も渡されていたのですが、これも、検査した結果、松木さん以外のＤＮＡが検出され、身体的特徴からも松木さんのものではないということが書かれています。

そうしたことをまとめ、日本政府の報告書は、「八人死亡、二名は入境を確認せずという北朝鮮側説明は、裏付けるものは皆無である、北朝鮮側の結論は客観的に実証されておらず、全く受け入れられない」と断定しています。そして、「再調査の結果は、極めて誠意を欠く内容であるとして強く抗議をする、約束を誠実に履行することにより、安否不明の拉致被害者の真相究明を一刻も早く行うよう厳しく要求する」と結論しています。

さらに細田官房長官が政府の対処方針を次のように発表しました。①北朝鮮に調査結果について抗議する、②真相究明を一刻も早く行い、生存者をただちに帰国させることを要求する、③迅速かつ誠意ある回答がない場合は、厳しい対応を取らざるを得ない。

横田めぐみさんの遺骨だとされる骨のＤＮＡ鑑定で横田めぐみさんのＤＮＡが検出されなかったので、めぐみさんの死は証明されなかったと言うのは、その通りでしょう。しかし、死んだという証拠が出ていないから、横田めぐみさんが生きている可能性があるとするのは論理の飛躍以外の何者でもありません。しかし、その飛躍の論理が、この時の政府の発表から浮かび上がってくるようです。こうして、小泉首相の再訪朝によって金正日委員長に約束された日朝国交交渉の再開は退けられる結果となったのです。

8　田中均氏が社会的な恥かしめをうけた

二〇〇五年の一月、谷内正太郎氏は外務次官になりました。そして二〇〇五年一〇月三一日、小泉第三次内閣で安倍晋三氏は、官房長官に任命されました。そして、その直前の二〇〇五年一〇月、田中均氏は外務省を去りました。

日朝秘密交渉を担当し、小泉首相の訪朝を実現した田中均氏は、外務省にも米国にも安倍氏にも憎まれていました。安倍官房長官の時代に田中氏に残忍な制裁が加えられたのは偶然でしょうか。

田中均氏は、一九四七年生まれ、京都市出身で、父は日商岩井の元会長の田中正一氏です。京都洛北高校から、京都大学法学部を卒業して、外務省に入省しました。一九八七年に北東アジア課長となり、九一～九二年の日朝国交交渉を担当しました。のち総合外交政策局総務課長時代には村山談話、アジア女性基金設立に関わりました。二〇〇一年アジア大洋州局長となり、北朝鮮との秘密交渉を行い、日朝首脳会談、平壌宣言を準備しました。二〇〇五年外務審議官（政治担当）で退官し、日本国際交流センター・シニアフェローとなりました。

田中氏に対して前代未聞の驚くべき制裁、非道な人格的凌辱が加えられたのは、退官翌年、二〇〇六年三月のことでした。田中氏をモデルとした政治ミステリー小説『ウルトラ・ダラー』（新潮社、二〇〇六年）が刊行されたのです。著者は、二〇〇五年までNHKアメリカ支局長であった手嶋龍一氏です。明らかに米国で資料を得て構想され、執筆された作品を帰国早々出版したものです。手嶋氏は慶応大学出身で、NHKに入って、政治部記者として、首相官邸、自民党を担当した人でした。一九九七年から二〇〇五年までワシントン支局長を務めていました。

小説のすじは、北朝鮮が偽米ドル札をつくり、それでウクライナから核、ミサイル技術を買うという話で、それをキャッチしたイギリスBBCの特派員、実はイギリスの情報機関ＭＩ６の要員が、東京で妨害のために活躍するというものです。そして、その中で日本の外交安保担当官房副長官、高遠希恵（女性）がイギリスの要員と協力して北朝鮮の野望と闘うという正義の人であり、もう一人の登場人物が、協力して解決しようと働いているように見えた北朝鮮政策を推進していた外務省アジア大洋州局長滝沢勲が、実は北朝鮮の協力者で、最後の瞬間にイギリスの要員に全てを告白する手紙を残して姿を消し、逃亡する悪の人だという設定です。

滝沢勲は、成田で拘留された金正男を北へ帰すことを主張した人間だとされています。彼の父は大阪の整体師であったと説明されていますが、実は母は大阪に潜入した北朝鮮の工作員李仁花であると明かされます。この人は中国朝鮮族で、中国人民志願軍の兵士として朝鮮戦争に派遣され、そのまま北朝鮮に残って、北朝鮮の工作員として日本に派遣されてきたと説明されています。滝沢は、父に促され老人ホームに入って死を待つ彼女を訪問して、彼女から、植民地支配を謝罪し、日朝国交樹立のために働いてほしいという願いを伝えられます。彼はその後、中国のホテルで、中学・高校の時の同級生で、北朝鮮へ帰って対外関係の部署にいる元在日朝鮮人の金村と再会し、日朝国交樹立の必要を説かれ、協力することになります。滝沢は日朝関係正常化の実現のためアジア局長になる道を選び、首相の平壌訪問、日朝首脳会談、平壌宣言、日朝国交正常化交渉を主導したのだと説明されています。中国で再会した中学・高校時代の友人こそが、実は「ミスターX」であったというのです。そして、北朝鮮の「ウルトラ・ダラー」などにも協力したが、追及の手が迫っているので姿を消す、と結んでいるのです。

現職の外務省局長がスパイで、姿を消すという大変な話です。小説という形で書かれていますが、誰が見てもこの滝沢という人物が田中均氏をモデルとしているのは、はっきりしているのです。

一方にヒーローの官房副長官がいて、もう一方に悪人の北朝鮮のスパイの外務省官僚がいる。完全に安倍晋三対田中均の構図が浮かび上がります。このことに関して、小説ですから、田中均氏は反論できません、名誉棄損などで訴えることもできません。

その当時、日朝国交促進国民協会での講演を田中氏にお願いした時に、私は「ウルトラ・ダラー」を読みました。あれは許されざるものです」と言ったところ、田中氏が「私は読んでいません、妻は読みました」と言っておられたのを覚えています。

逮捕され、投獄され、有罪判決をうけた元外務省官僚で、「外務省のラスプーチン」と辱めをうけた佐藤優氏は私の知り合いですが、彼が外交文書館に配転され、逮捕を待っている間、電話で聞いたことがありました。「誰か、我々の敵が我々の話を小説に書こうとしている。小説は反論ができないので困る。」結局、佐藤優氏の件では小説は出ませんでした。佐藤氏は『ウルトラ・ダラー』の文庫版の解説を書いていますが、滝沢問題には一言も触れていません。総じて、『ウルトラ・ダラー』は非常に評判になりまして、書評もたくさん出ました。しかし、どの書評も「滝沢勲問題」については触れません。全ての人がそのことが一番重要なポイントだと承知しながら、この問題には一切触れずに、この小説をほめているのです。そういう恐るべき「沈黙の陰謀」というものが、この世界にはあるのです。恐ろしい状況です、田中均氏は本当に恥かしめられたと思います。

手嶋龍一氏のこの小説の背後には、ある種のアメリカの憎しみがあります。手嶋氏の持っている材料というのは、アメリカから持ってきたものです。

というわけで、日朝国交正常化を目指した勢力は、拉致問題を政治利用しようとした勢力に敗北したわけです。

六月三〇日、小泉首相は最後の日米首脳会談を終えた後、ブッシュ大統領とエアフォース・ワンに乗り、エルビス・プレスリーの「グレイスランド」を訪問し、プレスリー夫人とブッシュ夫妻の前で「ラブ・ミー・テンダー」を歌い、「グローリー・グローリー・ハレルヤ」をギターで演奏したそうです。プレスリーとその歌には何の罪もありませんが、小泉さんのこのパフォーマンスは、日朝平壌宣言でブッシュのアメリカに対して挑戦した人が罪の赦しを求めるものと見えました。

半年後、小泉氏の指名で安倍晋三氏が自民党総裁、日本国首相になるのです。

Ⅳ――敵対行動開始の安倍3原則

1　二〇〇五年の情勢

二〇〇四年末米国ではブッシュ大統領が再選されました。ブッシュは北朝鮮を「圧政の拠点」と呼び、敵意を再確認しましたが、二〇〇五年二月北朝鮮は六者協議を無期限欠席すると発表し、核兵器をもつにいたったと表明します。ブッシュは衝撃をうけました。ここで、北朝鮮との交渉路線に転換しました。北朝鮮は六者協議に復帰し、ついに九月一九日に六者協議の合意、声明が発表されるにいたるのです。それは北朝鮮が核兵器を放棄し、他の五か国が安全の保証をあたえるという画期的な内容のものでした。だが、アメリカの別の勢力が北朝鮮の偽米ドルづくりの疑惑で財務省をうごかし、マカオの銀行 Bank

Delta Asiaにある北朝鮮口座を封鎖させます。北朝鮮は激怒し、合意の無効を宣言しました。かくして、九月一九日合意は束の間の幻影のごとくつぶれてしまうのです。

この間日本はつねのごとく北朝鮮に対する圧力路線をすすめていきます。二〇〇六年六月一六日、国会は、与野党の連合で提案された「拉致問題その他北朝鮮当局による人権侵害問題への対処に関する法律」を成立させました。与党は平沢勝栄、野党は松原仁、中井洽ら、拉致議連関係者が推進したのです。この法律は、拉致問題を「北朝鮮当局による国家的犯罪行為」と規定し、「国がその解決のために最大限の努力をするものとする」と定め、北朝鮮人権侵害啓発週間を一二月一〇－一六日に設けるとしました。

米国に反発する北朝鮮は、七月五日、テポドン2号とみられる長距離ミサイルと射程の短いミサイルの連射を行います。これに対して、安倍官房長官はかってなく強硬な制裁措置をとることを推進しました。万景峰号の入港禁止、北朝鮮政府職員の入国禁止、日本からの渡航の自粛、ミサイル関連物資の輸出管理を決めたのです。七月一五日、国連安保理も制裁措置を決議しました。

2　安倍内閣の誕生

北朝鮮との対立が深まる中で、安倍晋三氏はついに官房長官から総理になりました。二〇〇六年九月二六日、小泉首相のあとをうけて、内閣総理大臣になったのです。新首相は、拉致問題の解決を内閣の最重要課題として掲げ、組閣人事において、拉致問題担当大臣を新設し、塩崎恭久官房長官をこれにあてました。さらに、中山恭子氏を拉致問題担当総理大臣補佐官に任命しました。内閣発足の三日後、九月二九日には、首相を本部長、官房長官を副本部長とし、全閣僚を部員とする「拉致問題対策本部」が設置されます。まさに安倍拉致問題内閣の誕生でした。

この日の所信表明演説で安倍首相は次のように述べました。「拉致問題の解決なくして北朝鮮との国交正常化はありえません。拉致問題に関する総合的な対策を推進するため、私を本部長とする拉致問題対策本部を設置し、専任の事務局を置くことといたしました。対話と圧力の方針の下、引き続き、拉致被害者が全員生存しているとの前提に立って、すべての拉致被害者の生還を強く求めていきます。」これは拉致問題を押し立てて、北朝鮮と対決する、疑似戦闘状態に入るという宣戦布告であったと考えられます。

これに対して、一〇月九日北朝鮮ははじめて核実験を行います。安倍政府は追加制裁措置をとると発表し、一一日、北朝鮮籍船舶の入港禁止、北朝鮮からの輸入全面禁止、北朝鮮籍を有する者の入国禁止を決定しました。六か月の時限措置とされました。安保理制裁決議は一五日に出ました。大量破壊兵器関連の物資のほか、ぜいたく品の供給が禁止されました。家族会と救う会は政府の追加制裁措置と安保理制裁決議を歓迎する共同声明を発表し、「なしうることはすべて行う姿勢を取っていただきたい」と要望します。

一〇月一六日、拉致問題対策本部の第一回会合が開かれ、「拉致問題における今後の対応方針」を決定しました。「拉致問題の解決なくして北朝鮮との国交正常化はあり得ないということ」を再確認し、「政府一体となって、すべての拉致被害者の生還を実現」することをめざすと宣言しました。第一項は、北朝鮮側に、すべての被害者の「安全を確保し、ただちに帰国させるよう引き続き強く求めていく」、第二項は、すでに実行した経済制裁措置に加えて、「今後の北朝鮮側の対応等を考慮しつつ、更なる対応措置について検討する」、第三項は「現行法制度の下での厳格な法執行を引き続き実施していく」となっています。この第三項は在日朝鮮人と朝鮮総連に対するハラスメント措置を継続するということです。第四項は、「情報の集約・分析」「問題解決に向けた措置の検討」、「国民世論の啓発を一層強化する」、第五項は「特定失踪者」など、拉致と認定できていないケースをさらに捜査・調査し、認定されれば北朝鮮に対してつきつける、第六項は、国連等、国際的な協調の強化です。まとめれば、被害者全員の生還実現、制裁の強化、北朝鮮非難の広報の強化・拡大というのが活動方針です。

この方針の実現のために、一一月七日、関係省庁対策会議がもたれました。中山首相補佐官を事務局長として、宮内庁をのぞく一六の省庁の局長・審議官クラスが顔をそろえ、情報、法執行、広報の三分科会を設置しました。「対応方針」の各項目別に各省庁が何をしているかを報告した結果の一覧表が作成されています。さらに一一月一四日には、自民党の政調会にも拉致問題対策特命委員会が設置され、委員長には政調会長中川昭一氏が就任しました。中川氏は「拉致問題は何も解決していない。残り数十人、数百人の人を返して初めて（北朝鮮との）対話がある」と、超強硬の姿勢を強調しています。こうして、内閣、省庁、与党の三位一体の体制がつくりあげられたのです。

拉致問題対策本部は平成一八年（二〇〇六年）度補正予算に二億二六〇〇万円を組み込むことを決め、あわせて平成一九年（二〇〇七年）度予算案には四億八〇〇〇万円を計上することにしました。その内訳は、北朝鮮向け放送関連に一億三四〇〇万円、特定失踪者問題調査会の短波放送支援に一億一七〇〇万円、安否情報収集体制強化のために八一〇〇万円などです。北朝鮮向け放送は既存の放送を援助するのか、自前の放送を開設するのか、方針が定まっていないままの予算の計上でした。

そして「北朝鮮人権侵害問題啓発週間」（一二月一〇日より一五日）がきました。「国民の間に広く拉致問題その他北朝鮮当局による人権侵害問題についての関心と認識を深める」ために、国および地方公共団体はふさわしい事業を実施することが義務づけられています。一二月一〇日、キャンペーン週間開始の日、全国紙六紙の半面大の政府広報広告「拉致問題。すべての被害者の帰国を目指して真剣に取り組んでいます」が拉致問題対策本部長安倍総理の大きな顔写真とともに掲載されました。その中央に「拉致問題は我が国の最重要課題です」という文言が掲げられました。「拉致被害者のうち帰国できたのはわずか5名。我が国は、……すべての拉致被害者が生きているとの前提に立ち、被害者全員の奪還に総力をあげて取り組んでいます」と書かれていました。

安倍内閣の登場以来の拉致問題キャンペーンの内容を調べてみると、三つの原則が押し出されていることがわかります。第一原則は、「拉致問題は我が国の最重要課題です」という原則です。最重要課題だからこそ、拉致問題にとりくんだ自分が総理になったのだし、自分の内閣あげてこの問題にとりくむ、そのために対策本部を内閣につくったのだというのです。拉致問題が重要課題だということはいまや皆が認めています。しかし、それが日本の現在の「最重要課題」だと言われたら、首をかしげない人はいないでしょう。当時すでに、東海・東南海地震の発生が予言され、政府はそれに備える活動もすでに始めていました。拉致問題を「最重要課題」と言うことによって、安倍首相は日本国に迫る真の危機への対処を軽んじ、かつ拉致問題を自らの政権の宣伝の手段として政治利用したのです。北朝鮮の問題で言えば、核実験が始まっているのですから、その問題の重要度が拉致問題より低いとは言えないでしょう。

第二原則は、「拉致問題の解決なくして日朝国交なし」という原則です。これは、小泉、田中の日朝平壌宣言外交を否定する原則です。小泉、田中の外交は日朝国交交渉を行う、日朝国交に進む大きな枠の中で拉致問題解決のための交渉も行う、それによって現実的に問題の解決に前進するというものでした。実際、国交樹立に進むための基本合意をつくったからこそ、北朝鮮側から拉致を行ったという事実の認定と謝罪を獲得し、一三人拉致、八人死亡、五人生存という説明をうることができたのです。さらに生存五人の帰国、その家族八人の渡日もつけ加えることができます。この成果を全否定し、問題解決のハードルを高くして、国交正常化を阻止するのが、第二原則の考えです。これは外交を否定するものです。

第三原則は、「拉致被害者は全員生存している」、だから、「被害者全員の奪還」をはたすことが拉致問題の解決だという原則です。北朝鮮側が八人死亡したと言うが、検証できる資料を出してこない、だから八人死亡は確認されていない、ということは八人は生きているということだ、だから拉致被害者全員を帰せと要求する、それが実現されれば、拉致

2006 年 12 月 10 日、全国紙 6 紙に掲載された政府広報広告

拉致問題。
すべての被害者の帰国を目
真剣に取り組んでいます。

●現在も、多くの拉致被害者が救出を待っています。

拉致被害者のうち帰国できたのはわずか5名。我が国は、国民の生命と安全を守るという基本的な使命を
拉致被害者が生きているとの前提に立ち、被害者全員の奪還に総力をあげて取り組んでいます。

●奪われたのは、「大切な人生」「大事な家族」。取り戻すには国民の皆さまのご支

長い年月にわたり、拉致被害者は自由を奪われ、帰国を待ちわびるご家族の苦しみも続いています。とり
講じることが必要です。国民の皆さまのご理解をお願いします。

●北朝鮮に対し、すべての拉致被害者の速やかな帰国を強く求めます。

拉致問題は我が国の最重要課題です。政府は、私を本部長とし全閣僚が参加する対策本部の下で一丸
連携も強めつつ、全力でこの問題の解決を目指します。

12月10日(日)から12月16日(土)は、「北朝鮮人権侵害問題啓発

【「拉致問題を考える国民の集い」のご案内】●日時：12月14日(木)午後1時～3時(受付開始 正午)／●場所：日比谷公会堂 東京都千
入場無料／●内容：横田滋・早紀江ご夫妻のご講演／●お問い合わせ：法務省人権擁護局人権啓発課 TEL.03-3580-4111(代)

拉致問題を解決するためには、皆さまのご協力が欠かせません。拉致に関する情報をお持ちの方は、
警察庁［tel.03-3581-0141(代)］又は都道府県警察本部までご連絡ください。

拉致問題に関する
お問い合わせ先

拉致問題対策本部事務局総合調整室　tel.03-5253-2111(代)
http://www.kantei.go.jp/jp/singi/rati/index.html

問題の解決とみとめる、という考えです。だが、拉致をした北朝鮮側当局は拉致被害者の生殺与奪の権を握っている存在だったのです。拉致実行者が八人は死亡したと言えば、八人を殺したのかと考えるのが普通の判断です。そして、どんなに怒りと悲しみがこみあげても、相手国が謝罪するなら、不幸な時代の出来事として、受け入れて、現実的な解決策を見つけることにするほかありません。しかし、国家が死んだという被害者は全員生きているのだと、何の証拠もないのに言うとすれば、それは無責任な放言、でまかせであるにとどまらず。外交交渉をしているはずの相手政府の主張を嘘だと決めつけ、相手政府は嘘つきだから、交渉はできないと宣言するに等しいのです。安倍第三原則は、対話、交渉を否定するものであり、交渉決裂、敵対行動開始の原則です。

安倍内閣の誕生とともに打ち出された拉致問題安倍三原則は、北朝鮮の現体制との交渉を断念して、この体制に圧力を加え、崩壊に追いこむための原則であったと考えられます。この意味で安倍晋三首相は佐藤勝己氏の忠実なる弟子となったのです。北朝鮮の体制が崩壊すれば、そのとき拉致問題は解決すると二人は信じていたのでしょう。市井の浪人たる佐藤勝己氏がそのように考えることは自由ですが、日本国の首相たる安倍晋三氏がそのように考えることはあまりに軽率、無責任で、危険な所業だと言わざるをえません。

政府の意見広告で宣伝された一二月一四日の「拉致問題を考える国民の集い」は政府主

催で日比谷公会堂で開かれ、八五〇人が出席しました。安倍首相、中山首相補佐官と横田夫妻が発言しましたが、安倍首相は、自分が首相である限りは、拉致問題の解決なくして日朝国交正常化は行わないことを約束すると力説しました。

このように拉致問題に没頭している感をあたえる安倍氏でしたが、政権発足直後、村山談話、河野談話の継承を表明したので、歴史修正主義者が多い安倍氏のブレーンたちの間には不満が高まっていました。中西輝政、岡崎久彦、櫻井よし子、西岡力、島田洋一、葛西敬之、八木秀次氏らの中には「失望した」とはっきり言う人が出てきたのです（読売、一〇月二二日）。たまりかねて安倍氏の同志、下村博文官房副長官が一〇月二五日、河野談話について「もう少し事実関係をよく研究し」、再検討する必要があると講演しています（読売、二六日）。一二月一三日には、党内の「日本の前途と歴史教育を考える議員の会」が活動を再開しました（産経、一四日）。会長の中山成彬氏は拉致問題担当の首相特別補佐官恭子氏の夫です。一二月一五日には教育基本法の改正が実現して、右派もすこし気分がやわらいだというところでした。

年が明けて二〇〇七年一月五日には首相の信任あつい漆間巌警察庁長官が記者会見で、「今年勝負に出なければならないのは北朝鮮による拉致問題だ。残る一一人の拉致被害者の帰国をサポートできるよう捜査に力を入れたい」と述べました（共同通信、五日）。北朝鮮に圧力を加えるため、在日朝鮮人、朝鮮人団体がらみの捜査、立件に全力をあげ、ハラスメントを最高度に強めるという方針の表明でした。

3　安倍三原則に対決した一本のテレビ・ドラマは黙殺の壁に封じ込められた

安倍政権が誕生し、安倍三原則に立って、拉致問題の解決をめざす内閣として圧倒的なキャンペーンを開始したまさにそのとき、この安倍首相の拉致問題政治に敢然として対決したテレビ・ドラマが二〇〇六年一〇月三日夜九時から日本テレビで放映されました。報道特別ドラマ・スペシャル「再会――横田めぐみさんの願い」です。

日本テレビ報道局が蓮池薫、透の両氏、地村保志氏、曽我ひとみさんからの取材にもとづいてシナリオをつくり、ドラマ化したものです。拉致被害者蓮池夫妻が二〇〇四年六月一五日横田めぐみさんの一家に会って、自分たちの知っていることを報告したことを再現しています。この面談は非公開で行われましたから、その内容は世間には一切知られていなかったのです。横田滋氏の活動日誌（『めぐみ手帳』光文社、二〇〇八年）には、〇四年六月一五日に蓮池夫妻と懇談したことは書かれており、横田氏は二一日に中山恭子参与に懇談の内容を報告し、対策を相談しています。めぐみさんが自殺したと北朝鮮が言っている時点のあと蓮池薫氏は一九九四年にもめぐみさんを目撃しているということが話題になったが、このことは公表しないでおくということになったと書かれています。講義を聞いた方が調べて教えてくれたところによると、〇五年九月一五日にＮＨＫのクローズアップ現代でも横田夫妻は蓮池夫妻と懇談して、北朝鮮でのめぐみさんの生活について聞いたと話していいます。その話を横田拓也氏がメモしたものが紹介されましたが、めぐみさんは工作員への日本語教育をさせられていたこと、結婚したことなどが語られたということだけでした。横田氏らは蓮池薫氏の話の内容をあきらかに隠していたのです。

日本テレビのドラマは「横田めぐみさんの真実」を伝えるという一大スクープ報道の意味をもつものでした。このドラマの核心部分は、横田めぐみさんの北朝鮮での生活を描いた部分です。

めぐみさんが平壌の招待所に連れてこられ、途方にくれていると、指導員が「朝鮮語を勉強しなさい。勉強したら、きっと日本へ帰れる」と言います。めぐみさんは、その言葉にすがりついて、五年ほど一所懸命朝鮮語を学び、マスターします。七八年に曽我ひとみさんが、めぐみさんのいる招待所に到着します。指導員は、ひとみさんに「しっかりと勉強するんだ。そうすれば、帰れるぞ」と言い、ひとみさんに朝鮮語を教えてやれとめぐみさんにうながしています。

一九八四年に蓮池、地村夫妻は忠龍里招待所に暮らしていました。そこへ田口八重子氏とめぐみさんが引っ越してきました。めぐみさんは気分が沈んでいて、「帰りたいの。日本へ帰りたいの。朝鮮語を勉強したら、帰してくれると言ったのに、いつになったら、帰してくれるの」と言っています。蓮池薫氏が横田夫妻に話しています。「めぐみさんは毎日のように帰せって指導員に怒鳴っていました。そんなめぐみさんの世話役として田口八重子さんが同居したという話もありました。」

田口さんが去って、めぐみさんは一人になりました。彼女は、両親に会いたいよう、帰りたいようと言っていましたが、突然爆発し、指導員にどなります。「帰せ、朝鮮語勉強したんだから帰せ。」指導員が考えを述べています。「彼女には新しい家族が必要なのかも知れないなあ。結婚すれば落ち着くだろう。」

一九八六年めぐみさんは韓国から拉致されてきた青年金英男と結婚します。蓮池薫氏は横田夫妻に話しています。「これでめぐみさんも少しは安定するだろうと思ったんです。」

娘ウンギョンが生まれ、三歳になった一九九〇年ころ、めぐみさんは、体調がわるく、血圧が低く、昼まで起きられない状態になっています。彼女は自分のベッドにすわって、つぶやいていています。「日本に帰りたい。日本に帰る。」「なんで私はいまこんなことになっているの。なんでお父さん、お母さんが近くにいないの。かわいい子供ができたって、みせてあげられない。お父さん、お母さん、助けて。調子がわるいの。身体がいうことをきかないの。」

めぐみさんは気に入っていた自分の服を焼いてしまいます。叫びながら発作的に自分の髪を切る姿もみられます。ついにはナイフを胸に向け、手首に向けることもして、夫が必死でナイフを取り上げます。

蓮池薫氏は必死で説得します。「そうだよな、納得できないよな。でも、こんな状況の中でも幸せなことを見つけるんだ。小さなことでもいい。それをたのしむ。家族がいる。それを幸せだとおもう。どうかな。」しかし、めぐみさんは納得しません。「日本の家族に会いたい」と言い続けます。

一九九〇年冬のことです。めぐみさんは、統制区域を脱出し、空港へ行き日本に帰ろうとして、つかまります。指導員に家にもどされます。蓮池氏は頼みます。「上には言わないでくれよ。これからは俺たちがちゃんとみてるから。」

蓮池氏は横田夫妻に「そのころから、めぐみさんは入退院をくりかえすようになったんです」と話します。

九四年二月、めぐみさんはふたたび脱出し、連れ戻されます。指導員は「万景峰号に乗って、日本に脱出しようと、考えたようだ」と怒っています。めぐみさんは絶叫します。「帰して、日本へ帰して、お願い、お母さん、助けて、お父さん。」語り手が事態を説明します。「なんとか幹部にはばれずにすんだが、めぐみさんは心配だということで中国との国境地帯にある隔離病棟に入ることになった。」

このような話を聞いた横田滋氏は「ありがとうございます。話してくれて。でも私たちは信じられません。信じたくありません」と語っています。早紀江氏も「わたしたちの覚えているめぐみちゃんは一三歳のままなんです。どんなお話を聞かされても」と言ったのです。

このドラマの放映に対して横田夫妻はあきらかに消極的な態度をとったようです。『めぐみ手帳』によれば、日本テレビと「番組」についての話し合いがなされ、九月一三日には横田夫妻がドラマの収録をスタジオで見学し、二二日には日本テレビの井上真理子氏、森田公三氏（社会部デスク）からドラマの説明を聞いています。日誌には、九月二五日から一〇月八日までの日誌は収録されておらず、一〇月三日のドラマの放映についての反応はまったく触れられていません。明らかに横田夫妻がこのドラマの放映に対して最終的には否定的な態度をとったと推測されます。

救う会と拉致問題対策本部がどのような態度をとったかは、資料がありませんのでわかりませんが、横田夫妻以上に否定的な態度をとったことが想像されます。結果的に、このドラマ・スペシャルは、事前当日の宣伝が行われませんでした。新聞のテレビ欄にある「試写室」でこのドラマを当日とりあげたのは毎日と読売で、朝日は無視しています。ほとんどの人が見ずに終わり、話題にもならなかったのです。大変な努力でつくられた画期的な作品が幻の作品となってしまったのは、安倍政権下では当然のことであったかもしれません。

4　拉致問題対策本部の活動

他方、米国は別の方向に進んでいました。ヒル国務次官補は二〇〇七年一月中旬ベルリンで金桂冠外務次官と会談して、ＢＤＡ（Bank Delta Asia）問題を解決して、六者協議を正常にもどすということで合意しました。対北朝鮮政策を転換したブッシュ政権と安倍政権の進む道がここで分かれることになりました。日本政府は三月上旬ハノイで日朝作業部会をおこないましたが、議論にならずに終わったのは当然です。

そして、ついにアメリカから決定的な批判が出ることになりました。『ワシントン・ポスト』紙三月二四日号に、社説“Shinzo Abe's Double Talk”（安倍晋三の二枚舌）が載ったのです。この社説は、六者協議での最強硬派は日本であり、拉致被害者について情報を出さないかぎり、北朝鮮との関係改善の「いかなる協議も拒否する」としている、と指摘しました。他方で、「奇妙で不快なことは」、安倍が第二次大戦中、「数万人の女性」を慰安婦にしたことの「責任を日本が受け入れたことを後退させるキャンペーンを並行して行っている」ことである、と述べています。この社説は安倍首相が拉致問題で北朝鮮の加害を糾弾しながら、慰安婦問題での日本の加害責任からのがれようとしていることを「二枚舌」と痛打したのです。

四月は憲法改正のための国民投票法案が衆議院で強行採決され、参議院にまわされました。ほぼ一ヶ月間、日本人女性と在日朝鮮人の夫との間に生まれた二人の子供が北朝鮮の父のもとに連れて行かれた二〇年前の出来事を拉致事件として捜査立件する警察のうごきが連日新聞に載りました。それは北朝鮮に圧力を強める安倍首相と漆間警察庁長官の作戦でした。拉致被害者を一七人から一九人に増やそうということがねらわれたのですが、これは失敗に終わりました。

安倍氏は、また目立たないところでは、ホンネをあらわそうとしました。四月日韓歴史共同研究委員会の第二期メンバーが決められましたが、官邸は西岡力氏を入れようとして、失敗しました。わずかに、重村智計氏が歴史教育小委員会のメンバーとして押し込まれました。

拉致問題対策本部の北朝鮮向け放送は二〇〇七年七月九日から独自に開始されました。「ふるさとの風」という日本語放送、「イルボネパラム」という朝鮮語放送です。毎日六回、二二時三三分‐五七分、二三時三〇分から二四時まで、二五時から二五時三〇分まで行われています。プログラムは次のような言葉ではじまっています。

「こんばんは。今晩も『ふるさとの風』の時間がやってきました。この番組は、北朝鮮に拉致され、いまなお北朝鮮にとらわれている日本人のみなさんに向け、日本政府の提供でお送りしています。一九七〇年代から八〇年代前半にかけて日本人が北朝鮮に拉致される事件が相次ぎました。日本政府は、拉致問題は国家主権と国民の生命安全に関わる重大な問題であると考えています。その解決なくしては北朝鮮との国交正常化はないとの方針を決定，北朝鮮に対してすべての拉致被害者の安全確保と帰国を強く求めています。番組では、日本や北朝鮮をめぐる状況、日本政府の取り組み、拉致被害者のご家族からのメッセージ、なつかしい日本の歌や各地の話題などをお伝えします。それでは今晩もおつきあい下さい。」

そのときから今日まで毎日それぞれ三回、計六回、「拉致問題の解決なくしては、国交正常化はない」という日本政府の方針が北朝鮮にむけて放送されているのです。このような放送を北朝鮮にいるとされる被害者がはたして聴けるのか、はなはだ疑問です。むしろこの放送は北朝鮮政府に聴かせるためのものなのかもしれません。

国内向けには、拉致問題対策本部は、アメリカで制作された映画「Abduction―The Yokota Megumi Story（めぐみ――引き裂かれた家族の30年）」のビデオを買い上げて、全国で上映する活動を二〇〇七年から開始しました。

この映画は、ジェーン・カンピオン製作で、パティ・キムとクリス・シェルダンという夫妻が監督したもので、二〇〇六年一月に完成したものです。家族会、救う会が全面協力しています。この映画は自由民主党本部前で本部に向かって、被害者家族が「ばかやろう」「ばかやろう」と連呼するデモの場面や、増元照明氏の参議院選挙立候補（無所属）と選挙運動の場面を含んでいますが、外務省はそれらの点を問題にすることなく、在外公館でこの映画の上映会を行ったことが知られています。拉致問題対策本部は、この映画の上映権を五万ドル（約五七五万円）で買い取り、ＤＶＤを全国の高校、中学校に貸し出して上映会をさせる活動を行っています（毎日新聞、二〇〇七年一二月二六日夕刊）。

この映画で拉致事件について、もっとも中心的に説明をしているのは、脱北工作員安明進です。彼の中心的な証言は次のようなものです。「一九八八年一〇月ですかね、北朝鮮では一〇月一〇日が党の創立記念日で、彼女にはじめて会ったのはその時です。とても若くて美人だと思いました。私たちも青年でしたから、関心をもちましたが、もともと親しくなってはいけない関係ですので。透明感のある表情でした。」日本テレビのドラマからすれば、めぐみさんは八七年九月に出産してから、産後うつの状態にありました。ですから、安明進のこの証言も嘘だったようです、

さらに安は、二〇〇三年にした横田めぐみさん生存に関する嘘を繰り返しています。

「生きていますよ。日本人を殺したりしません。監視がつくので自殺もできません。めぐみさんが生きていることは、最近韓国へ来た情報員から聞きました。金正日の息子に日本語を教えているそうです。」

西岡力氏は、この映画上映のさいに作成されたパンフレット（二〇〇六年一一月二五日発行）の中で、めぐみさんは「金正日の息子の誰かの日本語の家庭教師になったという有力な情報がある」と書いています。あたかも安氏のこの言葉以外にも情報があると言うかのようです。

西岡氏は二〇〇六年一二月に出した『北朝鮮の「核」「拉致」は解決できる』（ＰＨＰ研究所）で、横田めぐみさんが金正日の息子に対する日本語家庭教師として生きているという確実な証言があるとして、「証言したのは金正日一家の身辺の世話を担当する『金正日書記室』

の副部長クラスの元幹部だ」と述べています。しかし、証言の内容は、安明進が二〇〇三年に語った話（八九－九〇頁）と似通っています。拉致被害者から日本語を習ったことがある金正日が写真を見て、横田めぐみさんを息子の家庭教師に選んだというのは同じ話です。安明進の話に加工したものではないでしょうか。めぐみさんが家庭教師をしていたのは、「九五年頃の二年間」だと特定されていますが、日本テレビの番組では、九四年三月にめぐみさんは隔離病棟に送られたというのですから、嘘だとわかります。

いずれにしても、金正恩氏ないし正哲氏の日本語の家庭教師を横田めぐみさんがしていたというのは、荒唐無稽なほら話であると思います。この話を最初にした安明進は、二〇〇七年七月九日韓国で覚醒剤を密売したとして逮捕され、一審で有罪判決をうけ、一〇月の再審判決で懲役三年、執行猶予五年となり、釈放されましたが、日本で「証言」をすることはできなくなりました。しかし、拉致問題対策本部は、犯罪者になった安明進の「証言」を中心に据えた映画「めぐみ」のＤＶＤをいまでも全国の高校生、中学生に見せるのに躍起になっているのです。北朝鮮を憎む気持ちを植え付けるためでしょう。

5　安倍内閣の挫折と福田内閣の登場

米国からも見放された感がある安倍首相の政治はふるいませんでした。参議院選挙で大敗を喫したのも当然でした。しかし、安倍首相は退陣を拒否し、八月末内閣改造を行いました。そのさい警察庁長官を退任した漆間氏を官房副長官に任命しようとしたのですが、さすがに果たせませんでした。九月はじめジュネーヴで行われた米朝作業部会では、テロ支援国家指定解除が合意されたと北朝鮮が発表したのに、ウランバートルではじまった第二回の日朝作業部会はいかなる前進もないままに終わりました。北朝鮮に対する政策で、日米はあきらかに対立していたのです。ＡＰＥＣのシドニー会議で、安倍首相はブッシュ大統領と最後に対面しました。韓国の盧武鉉大統領とは朝鮮半島の平和体制構築の話を前向きにしたブッシュ大統領は安倍首相とは何の話をしたのでしょうか。ブッシュ大統領はもはや安倍首相のことを「シンゾー」とは呼ばず、「ミスター・プライムミニスター」と呼ぶにすぎなかったのです。帰国した安倍氏は所信表明演説を行っただけで、二日後代表質問の当日に首相の座を投げ出しました。

総裁選には、福田康夫氏が立候補して、麻生外相と争います。福田氏は対北朝鮮政策の転換を掲げました。九月一六日総裁選の第一声はこうでした。「昨今の状況は、お互いに、交渉する余地がないような、非常に固い状況になっている。交渉の意欲が向こうに伝わる方法はないか。『対話と圧力』の基本姿勢の上に前進をはかる工夫を考えたい。」麻生氏はこれに対して「圧力が基礎だ」と述べて、安倍政策継続の立場であることを示しました。結果は、福田氏の勝利でした。福田氏は村山談話、河野談話を継承する人であり、小泉・田中の平壌宣言外交に立ち返ることをめざす人でした。

福田首相は二〇〇七年九月二六日の所信表明演説で次のように述べました。「朝鮮半島をめぐる問題の解決は、アジアの平和と安定に不可欠です。北朝鮮の非核化に向け、六者会合などの場を通じ、国際社会との連携を一層強化してまいります。拉致問題は重大な人権問題です。すべての拉致被害者の一刻も早い帰国を実現し、『不幸な過去』を清算して日朝国交正常化を図るべく、最大限の努力を行います。」

福田政権期には、拉致問題対策本部の会議は一度も招集されなかったのは顕著な事実です。もちろん、本部の予算やスタッフは維持され、活動も継続されました。総理の意をうけた斎木アジア大洋州局長が六月一一－一二日に北京で朝鮮側と交渉を行い、合意をまとめました。北朝鮮は拉致問題が解決済みだと主張しないことを明らかにし、再調査を約束し、よど号関係者の帰国をも調整するとしました。日本側は公務員の往来禁止、チャーター便の不許可を解除し、人道支援のための北朝鮮船の入港を許可すると表明しました。ところが、この発表の段階で、日本の中で逆流がおこり、再調査の結果をみて、これらの制裁解除を実施すると後退したので、北朝鮮側は反発したのです。その後斎木局長はもう一度、八月一一－一二日に瀋陽で交渉することになりました。今度は北朝鮮側が再調査委員会の立ち上げを通知したら、日本側が公務員の往来禁止、チャーター便の不許可を解除するとの新合意ができました。北朝鮮は最初は三つの制裁の解除をもとめたのに、二度目は二つの、ほとんど意味のない制裁の解除で合意をしたのです。

直後の二〇〇八年一〇月に私は訪朝しました。朝鮮外務省研究員李炳徳氏から、六月には「今後は発言を自粛し、北朝鮮側を刺激せず、拉致問題を政略的に利用しない」ことを日本側が約束したので、「自分たちも拉致問題は解決済みとは言わないと約束した」のだ、八月には「約束を守るのは福田内閣の方針だと言われた」ので、新たな合意を結んだのだという説明を聞きました。

おそらく福田首相は正常化交渉を進める強い決意を北朝鮮側に伝えたのでしょう。しかしながら、それは空文句に終わってしまいました。二〇〇八年九月二四日福田首相は二度目の合意が実施に移されるのを待つこともなく、あっさり政権を投げ出してしまったのです。のちに福田氏に会ったとき、福田氏は金正日委員長が倒れたことを聞いたので、日朝打開をあきらめたのだと言っていました。たしかに第二回の合意の直後、二〇〇八年八月の末に金正日委員長が脳卒中で倒れたという情報が流れたのは不幸なことでした。しかし、そうであればあるだけ、日本側からの努力が必要ではなかったのか、と思われます。

6　麻生内閣から民主党政権へ

福田内閣がまた一年で終わり、次の麻生政権になると、拉致問題対策本部が蘇えりました。二〇〇八年一〇月一五日には拉致問題対策本部の第二回会合が開催されています。麻生政権で官房副長官に就任した漆間巌氏が拉致問題対策本部の事務局長になりました。

さて、拉致問題対策本部の二〇〇八（平成二〇）年度予算は福田政権時代より一億円増えて、五億八四〇〇万円になりました。

朝日新聞社の写真展「めぐみさん　家族と過ごした13年」が市民グループ「あさがおの会」と共催で、全国で三年間にわたり行われてきましたが、この二〇〇八年一一月には東京でしめくくりの写真展が開かれました。そのさい一一月二三日朝日新聞の名物コラム「天声人語」は、「凶悪犯罪の中でも、理不尽さ、もどかしさの極みは北朝鮮による拉致事件だろう」として、この写真展にふれ、横田夫妻の活動は「現実の『世直し』でもある」と評価しました。最後に「悔いのないように生きる」という早紀江さんの言葉を引いて、「隣国の母に血の言葉を吐かせ、独裁者はまだそこにいる」と結んでいます。

マスコミは、このころには批判の異論を許容するものではなくなっていました。その象徴が田原総一朗氏の横田めぐみさん、有本恵子さん死亡発言の顚末でした。田原氏は二〇〇九年四月二五日の「朝まで生テレビ」の番組で、次のように発言しました。

「これを言うのをよそうと思っていたが、あえて言うと、ブッシュ大統領がテロ支援国家指定を解除した。私はこの時、私は外務省のナンバーツーだかナンバースリーに、『日本は拉致問題があるのに、こんなテロ支援国家の指定を解除をするとは日本に対する裏切りではないか』と言ったの。……その人は、『実はそうではない』、『アメリカは日本にあきれ返ったのだ』と〝答えた〟。『あきれ返ったって何だ』と言ったら、……要するに、『ベルリンの二〇〇七年一月のこの対話から日本に対して一年間時間をくれた』と。『拉致問題をきちんと交渉しろ』と。『ところが日本はついに交渉ができなかった』と。『だからアメリカはあきれてテロ支援国家指定を解除した』と、こう言っています。

なんでできなかったかははっきりしている。つまり、まともに交渉するということは、日本は、……横田めぐみさんと有本恵子さんは生きている前提でやってるわけだ。ところが北朝鮮は繰り返し、『生きてない』と言っているわけ。外務省も生きていないことは分かっているわけ。そこで生きてないという交渉をやると、……こてんぱんにやられる。田中均が爆発物を投げこまれたじゃない。僕は福田さんにも言ったんです。『あなた命がけでやれ』と。やんなかった。」

この「外務省も生きていないことは分かっているわけ」という一言に憤激した人々がただちに抗議をはじめました。五月一一日、家族会・救う会では、飯塚代表、藤野義昭会長名の抗議文を田原氏本人とテレビ朝日に出し、さらに記者会見も行ったのです。記者会見には家族会有本明弘副代表、横田滋前代表、増元照明事務局長、救う会西岡力会長代行らが参加しました。抗議文は、「娘の生存を信じていのちがけで救出運動に取り組んでいる横田・有本両ご夫妻をはじめとする家族会・救う会が、過激な行動で異論を封じているかのように述べた」ことを非難し、「貴殿の言動からは同胞である拉致被害者を助け出すという意思が全く感じられない」と批判しました。さらに、「貴殿は北朝鮮から確実な死亡の根拠を示されたのか。もしそうなら、なぜ家族にそれを公開しないのか。確実な根拠も示さず被害者死亡説を公共の電波を使ってまき散らしたとすれば、著しい人命軽視であり、家族と多くの国民の気持ちを踏みにじるものだ」と抗議したのです。

記者会見の発言の中では、横田滋氏の次の発言が注目されます。「死亡の証拠は何もないんです。客観的証拠がない限りは、生存を前提に行動するのが当然のことです。死んでいるのに交渉を引き延ばすためにやっているのであれば、とんでもないことです。家族としては真相を知りたい。もし本当に死亡しているのであれば受け入れるしかないのですが。政府には外務省も入っていますが、死んでるのが分かっているのに生きているとして交渉しているのであれば大変なことです。」

横田氏が、めぐみさんは死亡したと通告してきた北朝鮮政府が死亡の証拠を出していないと考えておられるのはわかります。しかし、死亡の通告を受けた他の被害者家族と違って、めぐみさんの場合には、手がかりがあるのです。娘のキム・ウンギョンさんと元の夫の金英男氏が平壌に生存していることがわかっています。横田さんとしては、めぐみさんにもっとも近いこの二人に会って、その目をみて、話し合い、真相を知る努力をすることができるはずなのに、そのことを実行しないできて、田原発言をめぐって、「真相を知りたい」とだけ言われるのには疑問が生じます。横田さんが述べているように、「死んでるのが分かっているのに生きているとして交渉しているのであれば大変なこと」なのです。

五月一六日、テレビ朝日の担当プロデューサー紫藤泰之氏が回答を出しました。田原氏に発言の真意を確認した、田原氏は、「言葉が足りなかったことについて、ご家族・関係者の方々が心を痛めたことは、大変申し訳ないと思っています」としていると書いています。

救う会は、あくまで田原氏本人の謝罪を要求しました。

他方で、中曽根弘文外務大臣も五月一九日の記者会見で、「田原氏の、外務省も（拉致被害者が）生きていないことは分かっているなどという発言は全くの誤りであり、大変遺憾であります」と述べました。

ここで田原氏は「おわび」の文書を出すことを余儀なくされました。五月二一日付けの田原氏の文書が家族会・救う会に届きました。田原氏は「外務省も生きていない事が判っている」という言葉は「まことに乱暴な言い方」で、「ご家族、ならびに関係者の方々にご不快の念を抱かせ、お心を傷つけましたことを心からお詫び申し上げます」と書いています。田原氏は情報源は教えられないとし、「私は横田めぐみさん、有本恵子さんなど八人の方々が生きていらっしゃることを心からのぞんでおります」と述べています。

家族会・救う会は五月二二日の記者会見で、外務省幹部の八人全員生存を前提とする交渉には「限界がある」という発言を問題視し、田原氏と外務省幹部は「拉致被害者を見捨てる」立場だとして、田原氏の番組降板を検討するように放送各社に要望しました。さらに五月二八日、家族会・救う会は田原発言の審査を放送倫理・番組向上機構に求めたのです。

ところがここでテレビ朝日の親会社ともいうべき朝日新聞が田原氏の応援にのりだしました。六月一三日、朝日新聞のオピニオン欄に田原総一朗氏の長文の寄稿「北朝鮮と交渉せよ」が載ったのです。その中央部分に問題の外務省幹部とのやりとりが引用されています。こんどは外務省幹部は「日本国民がこのかたちならば北朝鮮と交渉を進めることに納得するという見通しは、当分開けない」と嘆いたという話になっています。このかたちとは何かと問うて、田原氏は「八人の拉致被害者の生存を確認して帰国させることなのである」とし、これ以外の交渉を国民が認めないことが問題だと述べています。さらに田原氏は先の五月一九日の中曽根外相の記者会見での言葉、「外務省は安否不明の拉致被害者は全て生存しているとの立場、前提に立っている」を批判し、「この言葉を条件にするかぎり、北朝鮮が交渉を受け入れるはずはない」と言い切っています。勇気ある発言でした。

七月一六日、精神的苦痛を受けたとして、有本恵子さんの父親明弘、母親嘉代子の両氏は、田原氏を相手取り、計一千万円の慰謝料を求める民事訴訟を神戸地裁に起こしました。他方、救う会は問題を、ＮＨＫと民放でつくる放送倫理・番組向上機構（ＢＰＯ）の放送人権委員会に提訴することを考えました。ＢＰＯは提訴をうけつけ、審理に入ることを八月七日に決定しました。

このような憂鬱な状況の中で、一筋の希望は元家族会事務局長の蓮池透氏が家族会を離れて、自身の意見を公然と表明するようになったことでした。日朝国交促進国民協会の連続討論「拉致問題を考える」の第一回（二〇〇八年一二月五日）に蓮池氏が出て下さり、拉致問題の現状をきわめて明快に批判的にとらえ、理性的な解決策を主張してもらいました。

この歴史的な報告の全文は、『拉致問題を考えなおす』に収められています。

7　民主党政権と拉致問題

麻生内閣も一年しかもちませんでした。二〇〇九年の総選挙で民主党が勝利し、政権交代が起こったのです。皮肉なことに、安倍首相退陣と福田内閣の対話路線で力を失った安倍三原則と拉致問題の国論化の動きをふたたび立て直し、定着させたのがほかならぬ民主党政権であったのです。

二〇〇九年九月一六日に誕生した鳩山民主党内閣では、拉致問題担当総理特別補佐官のポストは廃止されました。しかし、拉致問題担当大臣には党内拉致問題対策本部長中井洽が任命されました。彼は、慶応大学を卒業後、三重県選出の衆議院議員であった父の秘書をつとめ、一九七六年その地盤をうけつぎ、民社党から選挙に出て、議員となりました。一九九四年には羽田内閣の法務大臣をつとめ、それから新進党、自由党、民主党とわたり歩きました。二〇〇五年一二月より民主党の拉致対策本部の責任者となり、拉致議連副代表もつとめました。二〇〇八年一一月、追加制裁案が政府自民党で議論されたとき、自民党の案よりもさらに過激な案を立案して、党機関をおびえさせたほどでした。

鳩山首相がこのような人物を国家公安委員長と兼務で、拉致担当大臣に任命したのは民主党政権の原罪であったと言えます。就任時の記者談話で中井新大臣は「『対話と圧力』ではなく、『圧力と圧力』だと考えてきた。従来の政府の政策は生ぬるい」（毎日、〇九年九月二三日）との方針を明らかにしたのです。

はたせるかな、中井大臣が真っ先に取り組んだのは内閣の拉致問題対策本部の改組強化でした。一〇月一三日、従来全閣僚から構成されていた対策本部を首相、外相、官房長官、拉致担当相の四人で機能的に構成するようにあらため、スタッフの方を三〇人から四〇人に増やすという方針を打ち出したのです。一二月には、拉致問題対策本部の情報の収集能力を高めるとして、民間人の登用を決め、北朝鮮難民救援基金の加藤博理事長、特定失踪者問題調査会の真鍋貞樹副代表らを大臣直属の参与とする手続きをとりました。さらに、情報収集のための予算が必要だと主張して、二〇〇九年度予算六億一八〇〇万円を一二億四〇〇〇万円と倍増させたのです。

中井氏はまた制裁の強化をめざし、先ず、北朝鮮からの女子サッカー・チームの入国阻止を主張しました。二〇一〇年二月に東京で行われる東アジア女子サッカー選手権決勝大会に参加する北朝鮮女子サッカー・チームの入国について、千葉景子法相に「制裁措置がとられているので、基本的には入国は認められないと思います」と言わせました。この件では北朝鮮のサッカー協会から抗議文がよせられ、国際サッカー協会（ＦＩＦＡ）の判断も心配される状況となりましたので、政府部内での検討が行われ、入国をみとめることになったのですが、北朝鮮側は抗議して、参加をとりやめてしまいました。

ついで中井大臣は政府が用意している高校無償化措置をめぐり、二〇一〇年二月二三日川端達夫文部科学相に、「制裁をしている国の国民」だという理由で、朝鮮学校を対象からはずすように要請しました。川端大臣はこの要請を無視する態度を明らかにしましたが（朝日新聞、二月二三日夕刊）、鳩山首相の動揺した態度が混乱をよび、今日までつづく深刻な問題を惹起するにいたるのです。

中井大臣は公然と鳩山総理の外交方針を批判しました。記者に対して、「僕は平壌宣言を認めません。ただ鳩山総理は踏襲するおつもり」、北朝鮮には「友愛は通用しません」（毎日、〇九年一二月八日夕刊）と語っています。

さて拉致問題対策本部の倍増された予算は、当然ながら使い切れませんでした。二〇一〇年度の予算は一二億四〇〇〇万円でしたが、使ったのは三億六四〇〇万円で、九億円近く返納することとなりました。安否情報収集体制の強化経費八億六四〇〇万円を組んであったのですが、仮によい情報をもっている脱北者に一件一〇〇万円を支払っても、八億六〇〇〇万円を使うには、よい情報をもっている人八六〇人を集めなければならないのですから、無理な話です。問題は、どんなにあまって年度末に返すことになっても、一度増額した当初予算を減らすことは、拉致問題への関心をうすくしたという印象を与えるので、できないことになったのです。拉致問題対策本部の予算は、平成二三（二〇一一）年度以降も、一二億四〇〇〇万円と同額を維持することになりました。

このことは内閣に拉致問題対策本部を設置しても、させる有意義な仕事がないことを示しています。拉致問題対策本部は、拉致問題が日本国家の最重要な課題であると宣伝するショーウィンドウにはなっていきました。

二〇一〇年六月、鳩山首相が突如退陣し、菅直人首相が出現しました。首相が変わったのに、拉致担当大臣は変わらず、中井氏のままでした。新内閣での中井大臣の働きは、大韓航空機爆破事件の実行犯金賢姫の日本訪問招請を実現したことでした。

二〇一〇年七月二〇日午前四時、金賢姫は日本政府さしまわしの特別機で羽田に到着し、国賓用の車で羽田を出発し、軽井沢の鳩山前首相の別荘に向かいました。そこが日本滞在中の彼女の宿となったのです。金賢姫はこの日と翌二一日、田口八重子さんの二人の兄と長男の耕一郎氏と会いました。彼女は「田口さん絶対生きている」と語り、耕一郎氏のノートに「ソウルの母より」として、「愛する息子よ。お母さんは必ず戻ってきます」と書き込みました。二一日夕方には、横田夫妻と懇談しました。かねてから金賢姫は、横田夫妻に会ったら、話すことがあると語っていたので、期待がもたれていたのですが、めぐみさんとは一回会った、猫が好きで、たくさん飼っていた、みなを笑わせていたと述べただけでした。生死については、「絶対に生きている」と繰り返したのですが、別に根拠はないようでした。さすがに横田夫妻もがっかりしたようでした。

金賢姫は二二日に鳩山別荘を出て、東京調布市にいたり、そこからヘリコプターに乗り換えて、四〇分ほど遊覧飛行をします。さすがにこの遊覧飛行は批判を浴びました。朝日新聞は、チャーター機代が一千万円、数百万円かけた厳戒態勢、ヘリコプター代が八〇万円、この費用は拉致問題対策本部の今年度予算一二億円から支出されると指摘しましたが、「それでも、拉致被害者の家族は『絶対生きている』という金元死刑囚の言葉に希望をつなぐ。来日を実現させた政府への感謝の声もあがった」と記事を結びました。

金賢姫の招待は政府の拉致問題認識、政策の完全な行き詰まりを示しました。しかし、中井拉致大臣がここまでやったことは、安倍氏のレガシーを完全に再生させ、公式の日本の立場として定着させたといえるように思います。

拉致問題対策本部の会合は、菅内閣時代に四回開かれました。とくに二〇一〇年一一月二九日の会合では、本部長菅直人首相の指示「拉致問題の解決に向けて」が披露されて、確認されました。

「北朝鮮による日本人拉致問題は、我が国に対する主権侵害かつ重大な人権侵害であり、許し難い行為である。政府が認定した拉致被害者は一二件一七名であるが、八年前に帰国された五名を除き、一二名の拉致被害者が北朝鮮に囚われの身になったまま愛する家族と引き裂かれ、一日も早い救出を待ち望んでいる。また、政府が認定した拉致被害者以外にも、拉致の疑いを否定できない方々もいる。このような状況にあることは政府として慚愧に堪えず、拉致問題が長期にわたり膠着状態にあるという厳しい現状認識の下、一日でも早く全ての拉致被害者の安全な帰国を実現すべく、更なる取組を政府一丸となって猛進することが必要である。

北朝鮮に対する我が国の基本的なスタンスは、第六五回国連総会（平成二二年九月二四日）において示したとおり、日朝平壌宣言にのっとり、拉致、核、ミサイルといった諸懸案を包括的に解決し、不幸な過去を清算して、国交正常化を図る考えに変わりはなく、かつ、その前提としては、特に、拉致問題の解決が不可欠であることは言うまでもない。また、北朝鮮が日朝間の合意を実施するなどの前向きなかつ誠意ある対応をとれば、日本としても同様に対応する用意があり、我が国としては引き続き、北朝鮮が累次の安保理決議や六者会合共同声明に従って具体的な行動をとることを求めていくことに変わりはないとしてきた。しかしながら、現在、北朝鮮は核開発を継続する姿勢を改めて誇示し、韓国延坪島に対して砲撃を行うなどの動きを見せている。このような挑発行為は、我が国を含む北東アジア全体の平和と安定を損なうものである。当対策本部においても、このような事態を踏まえて十分な対策をとる必要がある。」

菅直人首相は、韓国併合一〇〇年の二〇一〇年八月一〇日に内閣総理大臣談話を出し、「政治的・軍事的背景の下、当時の韓国の人々は、その意に反して行われた植民地支配によって、国と文化を奪われ、民族の誇りを深く傷つけられました」とみとめ、植民地支配がもたらした「損害と苦痛に対し」「痛切な反省と心からのお詫びの気持ちを表明いたします」と述べています。しかし、社民党又市征治議員が「この認識は北朝鮮に対しても同様の認識だろうか」と質問したのに対しては（二〇一〇年一〇月一八日）、「当時はまだ一つの国でありましたので、そういう意味を含めてだとご理解をいただきたい」と言っただけで、北朝鮮の政府・国民に明確なメッセージを出すことを避けてしまいました。

時代の気分をあらわすのは、田原総一朗氏に対する民事訴訟裁判が二〇一一年一一月四日、結審し、田原氏が敗訴したことです。神戸地裁は、田原の発言に合理的な根拠があったとはみとめられないとして、一〇〇万円の慰謝料支払いを命じました。田原氏は控訴の意思をしめしましたが、のち取り下げ、刑が確定します。田原氏は有本恵子さんの両親に一〇〇万円を支払いました。

この田原問題との関連で、注目すべきことは、米国務省の東アジア太平洋担当国務次官補キャンベルと斎木外務省アジア大洋州局長の会談記録がウィキリークスによって暴露され、その中で斎木局長が拉致被害者は死んでいるとのべたということが報じられたことです。その会談は二〇〇九年九月二一日付けの会談で、暴露されたのは、二〇一一年五月、田原裁判の最中のことでした。リークされたのは以下のような発言でした。

「局長は、北朝鮮は、安否不明の拉致被害者の何人かを殺していると信じていると言い、横田めぐみの運命は最大の問題だ、彼女はなお比較的若く（四〇代）、世論は彼女のケースに対してもっとも同情的だからであると説明した。彼は拉致被害者の何人かはなお生きていると信じていた。斎木は新しい拉致担当大臣中井洽は強硬派（ハードライナー）だと心配していた。斎木は、最後に、日本は北朝鮮と一緒に話し合い、拉致問題をどのように進展させるかを決めることを必要としている、新しい日本政府は自民党政府と同じようにこの問題に対して注意をむけるだろうと述べた。」

この件が報じられると、救う会は衝撃をうけ、いきり立ちました。インド大使だった斎木氏は飛び上がって発言を全否定しました。国会で答弁をもとめられた民主党政府の松本剛明外相もその言葉を伝えました。しかし、斎木大使の否定は信じられません。ウィキリークスが暴露したキャンベル次官補の非公開電報を信じない理由がないからです。しかし、メディアはこの件に切り込めませんでした。斎木氏はのちに外務次官に昇格します。

Ⅴ―安倍3原則がストックホルム合意の実行を阻んだ

1　安倍晋三氏が二度目に総理となる

　安倍晋三氏は五年間雌伏していました。自分が政権を投げ出したあと、自民党も野党に転落していたのです。しかし、民主党政権が失速していく過程で、政権復帰をねらう自民党の総裁選に立候補すべく、安倍氏は多くの準備をつみ、戦略を練ったはずでした。ついに二〇一二年九月総裁選に出馬した時、もっとも中心的な再起の一念として強調したのは慰安婦問題での日本国家の名誉回復でした。

　九月一二日、総裁選への立候補を表明した記者会見で、安倍氏は、河野談話に代わる「新たな談話を出す必要がある」と抑えきれない思いを語り（朝日、九月一三日）、三日後の立候補者五人の立ち会い討論会では、次のように述べました。「河野談話によって、強制的に軍が家に入り込み、女性を人さらいのように連れて行って慰安婦にした、という不名誉を日本は背負っている。安倍政権のときに『強制性はなかった』という閣議決定をしたが、多くの人たちは知らない。河野談話を修正したことを、もう一度確定する必要がある。孫の代までこの不名誉を背負わせるわけにはいかない。」（朝日、九月一六日）石破茂氏ら、他の候補者は誰一人こんなことは言いませんでした。

安倍氏は総裁選に勝利し、一二月一六日の総選挙に勝って、一二月二六日には首相となりました。再生自民党内閣には、安倍氏と政治見解をともにする一九九六年の「日本の前途と歴史教育を考える若手議員の会」の同志四人が入閣しました。菅義偉官房長官、下村博文文科相、新藤義孝総務相、古屋圭司拉致問題担当相です。内閣官房参与には経済担当の浜田宏一元イェール大学教授、外交担当の谷内正太郎元外務次官、それに危機管理担当の飯島勲元小泉首相秘書官が任命されました。こちらはさまざまな人々です。

そして、菅義偉官房長官は、初閣議のあとの記者会見で、村山談話の継承について訊かれると、これまでの日本政府が先の大戦の犠牲者に対する哀悼の意を表してきた、この点は同じ気持ちであると前置きして、安倍内閣は二〇〇六年にそれまでの内閣の考えを引き継ぐことを表明した、このたびも同じ考えであると述べたのです。焦点の河野談話には触れませんでした。

一二月二八日、安倍首相は、飯塚繁雄代表ら、家族会幹部と会いました。古屋拉致担当大臣、菅官房長官、岸田文雄外相、西村康稔内閣府副大臣らを同席させたのは家族会重視の姿勢を見せたのでしょう。この席で安倍氏は次のように挨拶しました。「五年前に突然辞したとき、被害者家族の皆さんに大変残念な思いをさせた。私にとってもつらいことだった。私がもう一度総理になれたのは、なんとか拉致問題を解決したいという使命感によるものだ。五人帰還の時、帰ってこられなかった被害者の家族の皆さんは涙を流していた。それを見て全員取り戻すことが私の使命と決意した。しかし、一〇年経ってもそれは達成されておらず申し訳ない。再び総理を拝命し、必ず安倍内閣で完全解決の決意で進んでいきたい。」これに対し、飯塚代表は念をおしました。「『やらんかな』『もう待てない』という意識をもってくださることに心から感謝したい。非常に期待がふくらんでいる。『もう待てない』というのが私たちの共通の立場だ。来年の早いうちに道筋が見え、結果を見たい。他の問題もたくさんあるが、拉致問題を必ず念頭に置いてとお願いしたい。」（救う会ニュース）

ところが、安倍首相は、一二月三〇日、産経新聞とのインタビューでは村山談話、河野談話を見直す考えをストレートに表明して、拉致問題については触れませんでした。

「私は二一世紀にふさわしい未来志向の安倍内閣としての談話を発出したいと考えてい

る。どういう内容にしていくか、どういう時期を選んで出すべきかも含め、有識者に集まってもらい議論してもらいたい。」「河野洋平官房長官談話は官房長官談話であり、閣議決定していない談話だ。一九年（二〇〇八年）三月には前回の安倍政権が慰安婦問題について『政府が発見した資料の中には軍や官憲によるいわゆる強制連行を直接示すような記述は見当たらなかった』との答弁書を閣議決定している。この内容も加味して内閣の方針は官房長官が外に対して示していくことになる。」（産経新聞、一二月三一日）

この発言はロイター電で世界にながれ、たちまちアメリカからの強い批判を呼び起こしました。『ニューヨーク・タイムス』は一月三日号に社説「日本の歴史を否定する新たな試み」を掲載し、次のように述べました。「日本の新しい首相安倍晋三は韓国との緊張を高め、協力をより難しくしかねない重大なミステークをもって政権期間をはじめようとしているようだ。」「日本の自民党の指導者ミスター安倍が謝罪談話をどのように修正するのかは明らかではない。しかし、彼は自国の戦争中の歴史を書き換える願望をこれまで隠してこなかった。犯罪を否定し、謝罪談話を薄めるいかなる企ても、日本の野蛮な戦時支配下に苦しんだ中国とフィリピン同様、韓国を怒らせるだろう。ミスター安倍の恥ずべき衝動は北朝鮮核兵器プログラムのような問題での地域の死活的協力に脅威を与えかねない。」この瞬時の批判が安倍首相をひるませたのはあきらかです。

年があけて、二〇一三年一月二五日、拉致問題対策本部改組が決定されました。民主党中井大臣の改組を撤回し、全閣僚参加の原型にもどしたのです。この日は対策本部の第一回会合が開かれ、「拉致問題の解決に向けた方針と具体的施策」が採択されました。まず、方針としては、安倍三原則を若干の修正の上再確認したのです。第一原則は、拉致問題は「我が国の主権及び国民の生命と安全に関わる重大な問題であり、国の責任において解決すべき喫緊の重要課題である。」と表現されました。「最重要」を「重要」に変更したのです。二年前の三月一一日に東北大震災があったので、拉致問題を「最重要課題」だというのはさすがにはばかられたのです。しかし、表現をすこし抑制的にしたということでしょう。政治利用の内容には変わりがありません。

第二原則は、「拉致問題の解決なくして北朝鮮との国交正常化はあり得ない」であり、変更はありません。第三原則は、「拉致被害者の認定の有無にかかわらず、全ての拉致被害者の安全確保及び即時帰国のために全力を尽くす」となりました。ここは、特定失踪者をふくめて、即時帰国を要求する人の数を拡大するという考えです。

要求項目としては、拉致に関する真相究明と実行犯引渡し提示が追加され、明示されました。八項目の具体的施策はほとんど変更はありません。平成二五年度予算も前年度当初予算と同じ一二億四〇〇〇万円を計上しました。

二〇一三年一月二八日、国会が開会され、安倍首相は所信表明演説を行います。外交安保の項では日米同盟の強化、地球儀俯瞰外交、アセアン諸国との関係強化、離島防衛、テロ警戒、危機管理をのべたあと、最後に拉致問題を取り上げました。「そして何よりも、拉致問題の解決です。全ての拉致被害者のご家族がご自身の手で肉親を抱きしめる日が訪れるまで、私の使命は終わりません。北朝鮮に『対話と圧力』の方針を貫き、全ての拉致被害者の安全確保及び即時帰国、拉致に関する真相究明、拉致実行犯の引渡しの三点に向けて、全力を尽くします。」

河野談話を取り消して、慰安婦問題で日本に投げつけられた侮辱をはらしたいという思いにかられてきた安倍首相はアメリカから早々に厳しい非難を浴びて、ひるんでいました。やはり伝統的な支持勢力の変わらぬ支持がたよりでした。拉致問題への取り組みをしっかりしなければならない。そういう気持ちがこの所信表明演説に現れていたと思います。

しかし、拉致問題への取り組みにはこれまで通りの手を打つしか道がありません。一月二九日には各党代表の会合をひらき、政府・与野党拉致問題対策機関連絡協議会の設置が決められました。集まったのは、拉致議連から平沼赳夫、松原仁、山谷えり子、民主党の渡辺周、日本維新の会から中山恭子の各氏といった変わり映えのしない面々でした。それから二カ月後の四月三日、拉致問題に関する有識者との懇談会が設置されました。西岡力、荒木和博氏らの常連の他、過労死問題の弁護士で、拉致問題に熱心になって、『世界週報』への寄稿で私を攻撃した川人博氏もよばれたのが新しい点です。しかし、新しい方向は出てくるはずはありませんでした。

五月二、三日には、米国ワシントン、ニューヨークで拉致問題啓発イベントが行われました。家族会と西岡氏らが参加しました。

2　安倍首相はストックホルム合意へ向かわざるをえなかった

安倍首相は最初の政権時代には佐藤勝己理論にしたがって、安倍三原則を押し立て、日朝交渉をブロックし、北朝鮮を締め上げて、崩壊させようと考えてきました。しかし、自分の政権のほうが崩壊して、文字通り野に下った五年間を経て考えてみれば、金正日政権は簡単につぶせるようなものではないということがわかりました。拉致問題の安倍、北朝鮮に強い安倍という評判を裏切らないためには、家族会の変わらぬ期待に沿うためには、拉致問題解決のためにふたたび総理の職にもどってきたと大見栄を切った手前、なんとか金正日政権に向き合って、交渉をしなければならない。安倍首相はそういう気持ちになっていったと考えられます。

二〇一三年二月には北朝鮮は第三回核実験をやったのですが、そんなことは気にしておられません。五月には内閣官房参与の飯島氏を北朝鮮に送りました。そこでどういう話があったかはわかりませんが、北朝鮮は簡単に話にのるような反応を示さなかったのでしょう。

七月二一日の参議院選挙にむけての自民党公約には「朝鮮問題の解決――『対話と圧力』の方針を貫き、拉致問題の完全な解決と核・ミサイル問題の早期解決に全力を傾注します」が書き込まれました。まだ変化はみえませんが、これから年末にかけて、安倍首相は対話路線へ、小泉首相の平壌宣言路線へ戻る方向へ進んで行ったと考えられます。これは自分で考えたのか、もうひとりの内閣官房参与谷内正太郎氏の助言によるのか、外務省の交渉担当者伊原純一アジア太洋州局長、小野啓一北東アジア課長の直言のせいなのか、わかりません。

二〇一四年一月二五―二六日、ハノイで日朝秘密交渉が行われたという報道がありました。伊原局長と小野課長が北朝鮮の代表と会ったとのことでした。すぐに二月には香港で接触があったようです。三月三日には瀋陽で赤十字会談が行われました。これに小野課長が参加しています。

このような接触、交渉がもたらした最初の成果は三月一〇－一四日にウランバートルで横田夫妻がめぐみさんの娘ウンギョンさん一家と会ったことでした。ウンギョンさんの夫、それに一歳になった娘、横田夫妻にとっては曾孫がやってきました。これは幸福な出会いであったようです。日本に帰って、横田夫人は、めぐみさんの安否、生死についてはあえて尋ねなかった、ウンギョンさんからも話はなかったと語りました。私は横田夫妻が平壌を訪問して、ウンギョンさんや元夫の金英男氏と会い、手をにぎり、その目をのぞきこみ、めぐみさんはどうなったのか、問いただすことが必要だと考えてきました。北朝鮮という国家の地ではなく、モンゴルの地で旅行者として出会っただけでは、答えは出ないと思います。もちろん、それでもこの出会いはよいことでした。

その後、新しい合意をみちびくアイデアがどちらの側から出たのか、わかりません。安倍首相と谷内参与はあたらしい安保法制を準備する態勢をとりはじめ、そのためには北朝鮮との対立を抑制することが合目的的だと考えていたのかもしれません。北朝鮮側が合意の基本構想を出したと考えることもできるし、外務省で日韓交渉と日朝交渉を同時に考えていた人々が知恵を出したのかもしれません。合意は急速にまとまりました。

五月二七日からストックホルムで局長級会談がはじまりました。伊原局長と小野課長は宋日昊大使と協議し、ついに二九日、合意にいたり、合意書に署名しました。これは画期的な合意でした。

合意書の冒頭に、基本的な精神が記されています。「双方は、日朝平壌宣言に則って、不幸な過去を清算し、懸案事項を解決し、国交正常化を実現するために、真摯に協議を行った。」日朝両国はふたたび国交正常化という目標をめざして前進することが宣言されました。

「日本側は、北朝鮮側に対し、一九四五年前後に北朝鮮域内で死亡した日本人の遺骨及び墓地、残留日本人、いわゆる日本人配偶者、位致被害者及び行方不明者を含む全ての日本人に関する調査を要請した。北朝鮮側は、過去北朝鮮側が拉致問題に関して傾けてきた努力を日本側が認めたことを評価し、従来の立場はあるものの、全ての日本人に関する調査を包括的かつ全面的に実施し、最終的に、日本人に関する全ての問題を解決する意思を表明した。日本側は、これに応じ、最終的に、現在日本が独自に取っている北朝鮮に対する措置（国連安保理決議に関連して取っている措置は含まれない）を解除する意思を表明した。」

具体的には、双方は次のような措置をとることを定めました。日本側は、①国交正常化の意思をあらためて表明し、信頼醸成、関係改善のため誠実に臨む。②北朝鮮側が調査委員会を立ち上げた時点で、人的往来規制、送金制限の特別規制、人道目的船舶の入港禁止を解除する。③日本人遺骨、墓参について協議する。④北朝鮮側が提起した朝鮮人行方不明者について調査する。⑤在日朝鮮人の地位について協議する。⑥調査過程で提起される問題については随時適切な措置をとる。⑦適切な時期に人道支援を行う。

朝鮮側は、①一九四五年前後に死亡した日本人の遺骨、日本人妻、拉致被害者、行方不明者を全面調査する。②すべての分野で調査を同時並行的に進める。③特別調査委員会を立ち上げる。④すべての分野で調査過程を随時日本側に通報する。⑤拉致問題については、「調査の状況を随時通報し、生存者が発見されれば、日本側に伝え、帰国させる方向で協議、措置をとる。」⑥調査過程で、日本側の要望にこたえるため、日本人の北朝鮮滞在、関係者との面談、関係場所の訪問を可能にする。⑦調査過程で発生する問題は随時解決する。

これはかなり行き届いた合意であり、日本側の伊原局長、小野課長の努力はみごとなものでした。七月には北京で日朝政府間協議があり、七月四日、朝鮮側は、特別調査委員会設置を発表します。日本は合意通り、制裁の一部を解除しました。医薬品輸送などに限り北船舶の入港禁止を解除し、人的往来制限を撤廃し、持ち出し一〇万円以上、送金三〇〇万円以上の報告義務を撤廃したのです。

七月一〇日には、日本経済新聞が「北朝鮮側が生存者三〇人のリストを提示した」と報道しました。政府はこれに抗議しました。日経の報道の真意はわかりませんが、日朝合意への期待の高まりを反映したうごきであったことは間違いありません。だが、九月一九日になると、安倍首相が、「最初の報告の期限がきた。確実な回答がほしい」と言い出します。家族会は、北朝鮮側はまったく不誠実だと批判しはじめました。このころ、許宗萬《ホジョンマン》総連議長が訪朝しましたが、これが制裁解除の結果、朝鮮側のえた唯一の成果となりました。

一〇月六－一六日には、私が団長となって、日朝交流学術代表団が訪朝しました。元山まで行き、馬息嶺スキー場も見学しました。宋日昊大使とも会いました。帰国すると、私たちの印象を伊原局長と小野課長に伝えました。日本政府代表団は一〇日後に訪朝するところでした。このころはストックホルム合意の前進へ期待が強くなる時期でした。

3　合意は安倍三原則でこわれる

しかし、冬が近づくと、何やら雲行きが怪しくなりました。日本人の墓地の調査を熱心に進めてくれた朝鮮社会科学院の歴史研究所長曺喜勝《チョヒスン》氏を日本に招いて、東京、京都、福岡でシンポジウムをひらくという計画が進んでいたのですが、曺氏の入国ビザが出ないのです。人的往来制限を撤廃すると宣言されたのに、政府は明らかに北朝鮮側に圧力をかけていたのです。朝鮮側が拉致被害者について八人はやはり死亡しているという報告書を作成し、日本側に渡そうとしたのですが、日本側が受け取りを拒否するというもみ合いがつづいていたようです。

二〇一五年にはいると、そのことが次第に伝わってきました。三月二六日には、総連議長の息子氏が禁止されている朝鮮産マツタケの輸入にかかわったという容疑をかけられ、逮捕されるとともに、総連議長宅、副議長宅が家宅捜査をうけるということが起こりました。総連の建物の運命が関係者には心配の種でしたが、それは、競売で落札したマルナカという会社が山形の不動産会社に転売し、その会社が総連に貸し出すということになり、落着したばかりでした。三月三〇日、日本政府は続いている制裁の延長を決定しますが、北朝鮮政府は「日本政府の挑発と国家主権侵害行為に抗議する」との文書を発しました。

日朝関係は険悪な雰囲気にひきこまれていきました。

思えば、ストックホルム合意は立派な合意でした。しかし、それを結ぶなら、安倍首相は安倍三原則を捨てるべきだったのです。すべての拉致被害者は生きているという第三原則に抵触する北調査委員会の報告は受け取れないとするために、合意はこわれてしまうのです。

二〇一五年七月二日、ついに安倍首相は在朝日本人についての調査報告を北朝鮮は延期すると日本側に連絡してきたと国会で明らかにしました。その前には、日本側が北が用意した報告を受け取ろうとしないと北朝鮮の関係者が言っているとの報道がありました。六月二五日には自民党の拉致対策本部がすでに制裁強化を要請していました。かくして、ストックホルム合意は終わってしまいました。安倍首相は、北朝鮮との交渉に努力をしたが、悪いのはあいかわらず全員死亡の報告を出す相手側だと弁解することができるようになったのです。

4　米朝戦争への道

二〇一六年一月六日、北朝鮮は第四回核実験を行いました。これは水爆実験だとの発表です。二月七日には人工衛星ロケット「光明星4号」が発射されました。日本政府は二月一〇日、部分解除していた独自制裁を全面的に復活し、在日ミサイル技術者の再入国禁止や北に寄港した第三国船舶の入港禁止などの新規制裁を決定しました。これに対して、朝鮮通信は二月一二日、日本がストックホルム合意の破棄を宣言したので、調査を中止し、特別調査委員会を解体するとの委員会の声明を伝えました。

いまや米朝対立の激化の道がはじまりました。これからの過程の特徴は、北朝鮮の核実験、ミサイル試射のテンポがみるみるうちに上がっていき、米国と国連安保理事会がうちだす制裁がつぎつぎに攻撃的になっていくところにあります。二〇一六年九月九日になると、北朝鮮は第五回の核実験を行いました。年が代わって、二〇一七年二月には、中距離ミサイルが一発発射されましたが、三月には四発が同時発射され、うち三発が日本の排他的経済水域に落下しました。北朝鮮は、「不測の事態」が起きれば、在日米軍基地を攻撃する砲兵部隊が発射したと発表しました。

秋に入ると、対立ははっきりと米朝戦争の展望のもとで深刻化していきました。九月三日北朝鮮は第六回核実験を行います。安倍首相はただちにトランプ大統領と電話会談を行い、北朝鮮の「暴挙」に対して日米「団結して対応」することを確認しました。二人は九月一九日と二一日国連総会で演説しました。大統領は、米国は「強いられれば、北朝鮮を全的に破壊する totally destroy North Korea 以外の選択肢はなくなる」と宣言し、首相は、北朝鮮に核・ミサイル計画を放棄させるため、日本は「『あらゆるオプションがテーブルの上にある』という米国の姿勢を一貫して支持する」と述べました。安倍首相は、米国が戦争の威嚇により北朝鮮を屈服させようとするのを支持し、有事のさいは米国と行動をともにするという決意を表明したのです。これに対して、北朝鮮はＩＣＢＭの試射を行い、アメリカ全土を射程に入れるミサイルの完成が迫っていることをつきつけます。一一月トランプ大統領は日本、韓国に来て、北朝鮮を威嚇し、屈服を要求しました。安倍首相はここでも日米の完全な一致を強調します。一一月米国の三隻の空母が日本海に結集し、北朝鮮に米朝戦争の光景をみせつけます。北朝鮮はＩＣＢＭ「火星15号」の発射をもって応え、「核戦力」の完成を宣言しました。まさに米朝戦争が目前にせまる時がきていたのです。

5　米朝首脳会談が開いた対話の可能性の中で

この危機の中で米朝核戦争の恐怖をのぞきみた米朝の指導者が足をとめ、ひきかえすことになりました。国連事務総長や韓国大統領からのよびかけに応えた動きでした。二〇一八年の新年の辞で金正恩委員長は平昌オリンピックの支持を表明し、北選手団の参加を約束したのです。そこからの半年間の動きは急速でした。三月の中朝首脳会談、四月の南北首脳会談、そして六月一二日のシンガポールの米朝首脳会談にいたりました。米朝両国の首脳は笑みをうかべて、握手し、戦争を回避することを約束したのです。

平昌オリンピックからはじまった北朝鮮事態の新展開の中で、安倍首相だけがとり残された印象が生まれました。安倍首相はそれでもなお北朝鮮の微笑外交にだまされるな、制裁をゆるめるなと言いつづけていましたが、それをやめると、突如として、拉致問題の解決ということを持ち出すようになりました。はじめは首脳会談でこの問題をとり上げてほしいと韓国の文在寅大統領にたのむという心ない行動をとったのですが、あとには米国のトランプ大統領にたのみこむために訪米しました。そして、トランプ大統領からその旨の約束をとりつけると、そのことを日米首脳会談の成果として日本国民に報告しました。このような局面で、拉致問題の解決を他国の指導者にとりついでくれと依頼をすることほど、愚かで、恥知らずなことはありません。

さすがに、体裁が悪くなった安倍首相も、五月に入ると平壌宣言について言及しはじめ、拉致・核ミサイル問題を解決して、国交正常化をめざすべきだと語り出しました。しかし、北朝鮮は安倍首相と話そうとしていないように見えます。五月六日の『労働新聞』は「旅支度をするまえには心を入れかえなければならない」という論説を掲げて、日本政府を批判しました。

6　現時点で何が必要か

では、いまわれわれは何を、どのようにしなければならないのか。いろいろ出されている提言を検討して、考えてみましょう。

最初にこの時点で、家族会と救う会はどのような考えをもっているかをみてみましょう。家族会事務局長横田拓也氏は『文藝春秋』二〇一八年八月号にインタヴュー「息子が見た横田夫妻」を載せました。横田拓也氏は、米朝首脳会談については、「敵対する国のリーダー同士が平和を見据えた対話を直接行ったことは、アジア地域や日本の安全保障にとってもプラスになった」と理性的に評価しています。しかし、安倍首相には、じかに「安易な日朝融和論に絶対に乗ってはいけない」とお伝えしたと言うところは、理解に苦しみます。「われわれは、『全拉致被害者の即時一括帰国』を一貫してもとめていますから、部分的な拉致解決は望んでいません」と言うのも、言葉だけの強がりで、あたらしい状況の中でその要求をどうしたら達成できるのか、考えは示されていません。「日朝の交渉が進む可能性は否定しません」とは言うが、結果がすぐ出るとは思っていないのでしょう。

横田家は拉致された肉親の子供、その子が北朝鮮に生きているという特別な存在です。その子に拉致された肉親の安否を問いただすことが可能です。この姪との面会は拓也氏にとって姉の真実を知るための大きなチャンスです。だのに横田拓也氏は「キム・ヘギョン」さんたちとの両親の面会を有意義なことと認めながら、「私も肉親ですからヘギョンちゃんに会いたいという気持ちはあります。しかし、人質外交をしている国の毒饅頭を食べるわけにはいきません」と述べました。私はこの「毒饅頭」という言い方にショックをうけました。

さらに横田拓也氏は「めぐみももう五十歳を過ぎていますから、どこか身体を悪くしている可能性だって否定できません」と述べています。これにも驚きました。めぐみさんが北朝鮮で闘いつづけて、精神病院に繰り返し入れられたということをまったく知らないようによそおっているのはどうしてでしょうか。

「救う会」全国協議会会長西岡力氏は『月刊 Hanada』八月号に論文「拉致被害者奪還、最大のチャンス」を書いています。この論文を読んで、長年、拉致問題を握って安倍政権を操縦してきた佐藤勝己氏の継承者の立場がいまや完全に破綻していることがわかりました。西岡氏は、トランプの斬首作戦をふくむ爆撃の脅しに屈して、金正恩が米朝首脳会談で、核弾頭を米国に引き渡す大譲歩をする可能性があると述べています。金正恩は、米国が米朝国交樹立を実現し、在韓米軍を引き揚げれば、韓国を赤化統一できる、文在寅政権ですでに韓国は半分赤化していると見ているのだ。そのように述べながら、西岡氏は「このような危険な状況だが、日本人拉致被害者救出という観点からは絶好の好機がやってきたと言える」と言うから、なにがなんだか、わからなくなってしまいます。

西岡氏は、このまま行けば北朝鮮の勝利だ、韓国は赤化され、自由陣営をはなれるが、それは仕方がない、しかし、拉致問題はトランプのディールに組み込まれたので、あわてずに、金正恩が「全被害者の即時一括帰国を決断」するのを待って、「安倍首相が金正恩氏と最終談判をするしかない」というのです。北朝鮮は崩壊するどころではない。革命・赤化の韓国と一緒になって強大になるのなら、北がトランプの言うことを聞いて、拉致被害者全員を帰国させると、どうして約束するでしょう。トランプが金正恩から獲得するのは朝鮮半島の非核化であり、日本人拉致問題の解決などはどの文書にも、発言にも入っていません。金正恩が死んだと言ってきた八人を、拉致被害者全員をどうして帰国させるのでしょうか。西岡氏はいまや自分でも信じていない運動の目標が安倍首相の努力で達成されると最後のリップサーヴィスをしているだけです。

ここにきて、帰国した拉致被害者蓮池薫氏の発言にしばしば接するようになりました。六月七日には、朝日新聞オピニオン欄で一面大のインタビューに応じ、北野隆一、塩倉裕記者に語っています。「日本は圧力重視の立場ですね」という問いかけに対して、こう述べました。「今はそれでいいと思います。非核化であいまいな合意をしたら、交渉全体が挫折してしまう。核問題でしっかり米朝が合意した後で、日朝交渉に進めばいい。」「ただ、どこかのタイミングで日本も態度を転換する必要が出てきます。拉致問題を解決すれば、日朝平壌宣言によって国交正常化や経済支援も視野に、北朝鮮にさらなる非核化をうながすこともできる。」

「拉致問題をどう解決するかがカギになりますね」という問いかけに対しては、つぎのように述べました。「日本は『拉致問題が解決するまでは支援に参加できない』という原則を強調すべきだと思います。拉致問題の解決は、すべての被害者を救うことです。」

これは安倍三原則をくりかえしている意見です。蓮池薫氏は大新聞で意見を求められれば、これ以外のことは言えないのでしょう。

さらに蓮池薫氏は『週刊新潮』六月二八日号では、横田めぐみさんが死んだことは聞いたことはないと積極的に生存説を主張して、私たちを驚かせました。「私は軽々しく横田めぐみさんは生きているとは言えません。ですが、北朝鮮が遺骨と称して出してきたものは贋物でしたし、亡くなったという確たる証拠はなにもない。……なによりも、私たち夫婦が……日本に帰ってくる直前まで、ヘギョンちゃんはめぐみさんの安否を知りませんでした。」「めぐみさんが亡くなった事実などがヘギョンちゃんの口から語られたことはなく、誰も耳にしていない。……ヘギョンちゃんが嘘を言わされているのは明らかなのです。」

めぐみさんの元夫金英男氏は九〇年代の終わり頃に再婚していることが知られていま す。ヘギョンさん（ウンギョンさん）に新しい母親が現れたのです。父が再婚する理由を娘に説明しないはずはありません。

すでに述べたように、蓮池薫氏は、横田めぐみさんが日本に帰せと主張しつづけて、きわめて厳しい精神的、身体的条件にあったことを横田夫妻に報告したことが知られています。日本テレビのドラマの基礎に蓮池薫さんの証言があったのです。そのことを否定するような発言をここでして、横田めぐみさんは生きていると言おうとするのは、なぜなのでしょうか。安倍首相を助けるような発言をするよう、圧力をうけているのでしょうか。

米朝首脳会談のあと、さまざまな専門家が意見をのべていますが、私は田中均氏が復活して、積極的に発言しておられるのを共感を持って拝見しました。田中氏は七月三日、日本記者クラブに招かれて、最後の発言のつもりだとして率直に語り、評判になりました。田中氏は、安倍首相が北朝鮮に対する強い姿勢を前面にかざして国内の支持をふやし、選挙に勝ったが、それは外交ではない、外交とは結果をつくるものだと、正面から安倍外交を批判したのです。田中氏は、外交のためには、「現状を正確に把握する」ことが大事だと指摘し、「朝鮮問題に戦略をもつことがきわめて大事なことだ」と強調しました。米朝首脳会談後は「フェーズをかえる最大の好機」がきた、核の問題も拉致の問題も「北朝鮮とコミュニケーションチャンネルを持つ」ことで進められるのだ、と述べて、具体的には、平壌に政府連絡事務所をつくるべきだと提案しています。

毎日新聞の伊藤智永氏はこの田中氏の主張を「火を噴く言論」「孤高を恐れぬ論理」と紹介しました（毎日新聞、七月七日）。なお伊藤氏が安倍の北朝鮮外交にはいくつかの原則があるとして、私の指摘した三原則をあげているのもありがたいことでした。

同じころ、田中氏の意見は『文藝春秋』八月号にも載りました。「小泉訪朝の教訓を無駄にするな」と題が付されているところから明らかなように、小泉・田中の二〇〇二年の平壌宣言外交の復権を正面から求める文章です。あの外交の成功要因として田中氏は北朝鮮側との三〇〇時間に及ぶ事前交渉で信頼関係を築いていたことと、アメリカの圧力に屈しなかったことをあげました。結果が出なかった原因としては、「猛烈な世論の反発」があったことと「『米朝対決』の構図が出来上がった」ことが挙げられていますが、ここはやや単純化しています。田中氏の主張の中心は、「拉致問題は、北朝鮮の核・ミサイル問題の解決という大きな土俵の中に置き」、その枠組みの中で経済協力のカードを切るとき、解決が得られるということです。具体的には、「日朝平壌宣言に基づく国交正常化交渉を再開すべきだ」と主張しています。これは目下の一番の正論だと思います。九月の自民党総裁選挙で安倍氏に挑戦した石破茂氏が田中氏の提案を採用して、平壌と東京に政府連絡事務所を開くことを公約の中に入れたことが注目されます。

私自身は、米朝戦争の気配が感じられたときから、「日本は米国と北朝鮮の間に体をいれて、戦争をさせないようにしなければならない」と主張してきました。そのようにする道はある。日本がのぞみ、北朝鮮ものぞんだ日朝国交正常化の道である。そのように考えました。そのさい、オバマ大統領の「無条件キューバ国交樹立」のモデルが参考になります。日朝平壌宣言を前提にして、全ての制裁はそのままにして、核兵器とＩＣＢＭをもったままの北朝鮮と国交をむすび、平壌と東京に大使館を開いて、そこで核ミサイル問題、制裁問題、経済協力問題、拉致問題についての交渉を直ちに開始するのです。

この私の提案は、米朝戦争が回避され、米国は北朝鮮に安全の保証を与え、北朝鮮は「朝鮮半島の完全な非核化」の実現を約束することが書き込まれた米朝首脳会談共同声明が発表されたあとでは、一層現実的で、必要な方策となりました。いまでは米国トランプ大統領が日本のこの行動に反対することは考えられません。私の提案は、日朝国交正常化交渉を開始し、平壌に政府連絡事務所をつくるべきだという田中均氏の提案よりもっと思い切ったものと見えるかもしれません。しかし、二〇〇二年からの経過を考えれば、日本が次に取るべき措置は連絡事務所の開設ではなく、大使館の開設ということになるのです。北朝鮮にもはや後退がないという安心を与えることが、すべての交渉をうまくすすめるのに役立つのです。二つの提案のどちらが北朝鮮にはっきりした安全の保証を与えることになるのか、検討がおこなわれるべきだと思います。

それよりも、日朝交渉をはじめるためには、安倍三原則を白紙にかえして、拉致問題の認識を見直さなければなりません。そうすれば、拉致問題の交渉も現実的な意味のあるものにすることができます。

拉致問題の交渉は、まず北朝鮮の調査委員会がまとめた報告書を受け取るところからはじまり、これを詳細に検証した上で、日本側の主張を次のような諸点につき提起すべきだと思います。死亡したと言われた横田めぐみさんら、拉致被害者八人については、死亡事情の説明が説得的でなければ、その点を批判して、さらなる説明を求める。死亡したと考える他ない五人については、補償を要求する。入境せずとされている久米裕氏と曽我ミヨシさんについては、北朝鮮に入境していないというのは、船上で殺害したのか、と問い、事実を明らかにせよと迫る。さらに死亡したと言われた人の中に北朝鮮国家として生存しているとすると都合の悪い人（大韓航空機爆破犯人金賢姫の教育係であった田口八重子氏）が含まれているのではないかと考えられる場合には、その人についての判断を北朝鮮が変えるとき（大韓航空機爆破をみとめ謝罪するとき）を待つ。そのときまでその人の生命安全が保障されるように圧力をかける。また他にも生存している拉致被害者が発見されていないか、明らかにしてもらいたいと迫る。あらたな被害者が生存していることが明らかになれば、その一人一人に対して、見合った措置をとる用意があると伝える。こういうふうに交渉するのが、現実的な道でしょう。

7　最後に思う。

拉致問題の全経過を振り返って来て、いま私が思うことは、横田めぐみさんの抵抗を記憶し、横田早紀江さんの二〇〇二年の決断を理解するということです。横田めぐみさんは、自分が拉致されたという過酷な運命に対して抵抗することをやめず、一〇年余のあいだ闘い続け、精神病院にくりかえし入れられ、精神安定の治療も加えられ、精神的にも、身体的にもますます追い詰められた状態に至ったのです。一三歳の中学生が拉致されたあと、そのように最後まで闘いつづけたことをわれわれは忘れるべきではないと思います。

さらに二〇〇二年の首相訪朝のあと、横田めぐみさんが死亡したと通告されたとき、母の早紀江さんが「犠牲になって苦しみ、また亡くなったかもしれない若者たち」のことを思い、この人々は、拉致という大変な問題を「日本のために、また北朝鮮のために」告発し、暴露したと述べ、「そのようなことのために、めぐみは犠牲になり、また使命を果たしたのではないかと私は信じています」と述べました。それから、自分は、この問題のために、拉致問題の告発、暴露のために戦っていく、そのさい、めぐみは「まだ生きていることを信じつづけて戦ってまいります」と述べたのです。そのお気持ちを理解したいと思います。

それから一六年の歳月が流れました。この間横田ご夫妻はめぐみさんのことを訴えつづけてこられました。それは拉致被害者全体のためのご努力であったと思います。国民は心からなる同情をもってお二人の活動を見守り、支持をよせてきました。

しかし、米朝首脳会談が開かれ、米朝戦争が回避された今は、平和と協力の新時代を開くために、転換の時を迎えています。日朝関係も侵略と植民地支配の時代、朝鮮戦争が生み出した敵対的で、不正常な関係を終わらせ、正常な隣国関係、対話と協力の新時代に入るべきです。そのような決意をかためるなら、そのような不幸な時代に起こった拉致問題についての考え方をあたらしくし、交渉をあたらしくし、あたらしい解決の道を求めるべき時であると思います。問題の解決は実行可能な方法ではからなければなりません。北朝鮮の罪を告発し、非難し、制裁を加えることから転換し、新しい隣国関係をつくるために、謝罪を確認した上で、可能な限りの真実を明らかにし、救える人を救い出し、確認された事実にもとづいて補償をもとめる交渉を行わなければならないと思います。

そのためには安倍三原則を捨てなければなりません。安倍三原則を捨て、方針の転換をはからないかぎり、安倍首相は拉致問題で北朝鮮の指導者と交渉することはできないでしょう。とすれば安倍首相は拉致問題を解決することはできない――そう結論する他ないようです。

く意向を表明した。

双方は、安全保障にかかわる問題について協議を行っていくこととした。

日本国　総理大臣　　小泉純一郎

朝鮮民主主義人民共和国　国防委員会委員長　　金 正日

2002 年 9 月 17 日　平壌

れることが、この宣言の精神に合致するとの基本認識の下、国交正常化交渉において、経済協力の具体的な規模と内容を誠実に協議することとした。

双方は、国交正常化を実現するにあたっては、1945年8月15日以前に生じた事由に基づく両国及びその国民のすべての財産及び請求権を相互に放棄するとの基本原則に従い、国交正常化交渉においてこれを具体的に協議することとした。

双方は、在日朝鮮人の地位に関する問題及び文化財の問題については、国交正常化交渉において誠実に協議することとした。

三、双方は、国際法を遵守し、互いの安全を脅かす行動をとらないことを確認した。また、日本国民の生命と安全にかかわる懸案問題については、朝鮮民主主義人民共和国側は、日朝が不正常な関係にある中で生じたこのような遺憾な問題が今後再び生じることがないよう適切な措置をとることを確認した。

四、双方は、北東アジア地域の平和と安定を維持、強化するため、互いに協力していくことを確認した。

双方は、この地域の関係各国の間に、相互の信頼に基づく協力関係が構築されることの重要性を確認するとともに、この地域の関係国間の関係が正常化されるにつれ、地域の信頼醸成を図るための枠組みを整備していくことが重要であるとの認識を一にした。

双方は、朝鮮半島の核問題の包括的な解決のため、関連するすべての国際的合意を遵守することを確認した。また、双方は、核問題及びミサイル問題を含む安全保障上の諸問題に関し、関係諸国間の対話を促進し、問題解決を図ることの必要性を確認した。朝鮮民主主義人民共和国側は、この宣言の精神に従い、ミサイル発射のモラトリアムを2003年以降も更に延長してい

日朝平壌宣言

小泉純一郎日本国総理大臣と金正日朝鮮民主主義人民共和国国防委員長は、2002年9月17日、平壌で出会い、会談を行った。

両首脳は、日朝間の不幸な過去を清算し、懸案事項を解決し、実りある政治、経済、文化的関係を樹立することが、双方の基本利益に合致するとともに、地域の平和と安定に大きく寄与するものとなるとの共通の認識を確認した。

一、双方は、この宣言に示された精神及び基本原則に従い、国交正常化を早期に実現させるため、あらゆる努力を傾注することとし、そのために2002年10月中に日朝国交正常化交渉を再開することとした。

双方は、相互の信頼関係に基づき、国交正常化の実現に至る過程においても、日朝間に存在する諸問題に誠意をもって取り組む強い決意を表明した。

二、日本側は、過去の植民地支配によって、朝鮮の人々に多大の損害と苦痛を与えたという歴史の事実を謙虚に受け止め、痛切な反省と心からのお詫びの気持ちを表明した。

双方は、日本側が朝鮮民主主義人民共和国側に対して、国交正常化の後、双方が適切と考える期間にわたり、無償資金協力、低金利の長期借款供与及び国際機関を通じた人道主義的支援等の経済協力を実施し、また、民間経済活動を支援する見地から国際協力銀行等による融資、信用供与等が実施さ

［著者］和田春樹（わだ・はるき）東京大学名誉教授。１９３８年生まれ。東京大学文学部卒業。

著書『金日成と満州抗日戦争』（平凡社、１９９２年）『朝鮮戦争全史』（岩波書店、２００２年）『朝鮮有事を望むのか』（彩流社、２００２年）『北朝鮮本をどう読むのか』（共編著、明石書店、２００３年）『検証日朝関係60年史』（共著、明石書店、２００５年）『日露戦争　起源と開戦』（上下、岩波書店、２００９－２０１０年）『拉致問題を考えなおす』（共編著、青灯社、２０１０年）『北朝鮮現代史』（岩波書店、２０１２年）『平和国家の誕生』（岩波書店、２０１５年）『スターリン批判１９５３～５６年』（作品社、２０１６年）『アジア女性基金と慰安婦問題』（明石書店、２０１６年）『米朝戦争をふせぐ』（青灯社、２０１７年）

安倍首相は拉致問題を解決できない

2018 年 11 月 30 日　第 1 刷発行

著　者　和田春樹

発行者　辻　一三

発行所　株式会社青灯社

東京都新宿区新宿 1－4－13

郵便番号 160－0022

電話 03－5368－6923（編集）

03－5368－6550（販売）

URL http://www.seitosha-p.co.jp

振替　00120－8－260856

印刷・製本　モリモト印刷株式会社

Printed in Japan

ISBN978－4－86228－101-2 C0031

小社ロゴは、田中恭吉「ろうそく」（和歌山県立近代美術館所蔵）をもとに、菊地信義氏が作成

●青灯社の本●

日本はなぜ原発を拒めないのか――国家の闇へ　山岡淳一郎　定価1600円＋税

普天間移設 日米の深層　琉球新報「日米廻り舞台」取材班　定価1400円＋税

ふたたびの〈戦前〉――軍隊体験者の反省とこれから　石田 雄　定価1600円＋税

自分で考える集団的自衛権――若者と国家　柳澤協二　定価1400円＋税

知・情・意の神経心理学　山鳥 重　定価1800円＋税

「二重言語国家・日本」の歴史　石川九楊　定価2200円＋税

9条がつくる脱アメリカ型国家――財界リーダーの提言　品川正治　定価1500円＋税

子どもが自立する学校――奇跡を生んだ実践の秘密　尾木直樹 編著　定価2000円＋税

米朝戦争をふせぐ――平和国家日本の責任　和田春樹　定価1200円＋税

拉致問題を考えなおす　蓮池透／和田春樹／菅沼光弘／青木理／東海林勤　定価1500円＋税

デジタル記念館 慰安婦問題とアジア女性基金　村山富市／和田春樹 編　定価1600円＋税

神と黄金（上・下）――イギリス・アメリカはなぜ近現代世界を支配できたのか　ウォルター・ラッセル・ミード　寺下滝郎 訳　定価各3200円＋税

起源――古代オリエント文明：西欧近代生活の背景　ウィリアム・W・ハロー　岡田明子 訳　定価4800円＋税

魂の脱植民地化とは何か　深尾葉子　定価2500円＋税

枠組み外しの旅――「個性化」が変える福祉社会　竹端 寛　定価2500円＋税

合理的な神秘主義――生きるための思想史　安冨 歩　定価2500円＋税

生きる技法　安冨 歩　定価1500円＋税

他力の思想――仏陀から植木等まで　山本伸裕　定価2200円＋税

理性の暴力――日本社会の病理学　古賀 徹　定価2800円＋税

愛と貨幣の経済学――快楽の社交主義へ　古賀 徹　定価2000円＋税

魂深き人びと――西欧中世からの反骨精神　香田芳樹　定価2500円＋税